财报一看就懂

财报高手教你
提升创业投资赚钱力

薛兆亨 徐林宽 / 著

资产

负债

支出

资本

收入

浙江人民出版社

图书在版编目（CIP）数据

财报一看就懂：财报高手教你提升创业投资赚钱力 /
薛兆亨，徐林宽著. -- 杭州：浙江人民出版社，
2020.5

ISBN 978-7-213-09596-2

Ⅰ. ①财… Ⅱ. ①薛… ②徐… Ⅲ. ①会计报表—会
计分析 Ⅳ. ①F231.5

中国版本图书馆CIP数据核字（2019）第287031号

浙江省版权局
著作权合同登记章
图字：11-2019-261号

财报一看就懂：财报高手教你提升创业投资赚钱力

薛兆亨　徐林宽　著

出版发行：浙江人民出版社（杭州市体育场路347号　邮编：310006）

　　　　　市场部电话：（0571）85061682　85176516

责任编辑：尚　婧　何英娇

营销编辑：陈雯怡

责任校对：戴文英

助理校对：王欢燕

责任印务：聂绪东

封面设计：元明设计

电脑制版：北京唐人佳悦文化传播有限公司

印　　刷：北京阳光印易科技有限公司

开　　本：710毫米×1000毫米　1/16　　　印　　张：15.5

字　　数：122千字　　　　　　　　　　　插　　页：1

版　　次：2020年5月第1版　　　　　　　印　　次：2020年5月第1次印刷

书　　号：ISBN 978-7-213-09596-2

定　　价：58.00元

打通创业的财务大道

创业是一条不归路，欢迎来到创业的野蛮丛林。

根据各国统计数据显示，新创公司的平均寿命是 2.5 年，百人规模的公司平均寿命只有 7 年。好不容易熬过第一个死亡之谷，迎接的却是另一个危机。一家公司会从创立、挣扎存活、成长到成熟，最后慢慢步入衰退。这就是大多数公司的发展循环路径（如图 1 所示）。

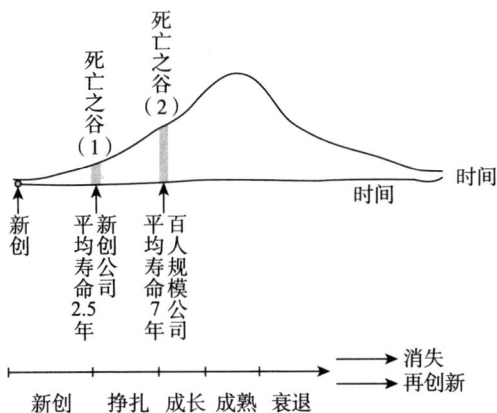

图1 公司发展循环图

明明出来创业的人都是各个领域的高手，为什么最后90%都以失败收场？因为创业需要的是综合能力，而不是某种单项能力。其中一个综合能力，就是财务报表分析能力。为什么这么说呢？我们从损益表、资产负债表、现金流量表这三张表中就可以看出端倪（如图2所示）。

（1）营业收入。为了获取足够多的营业收入，你需要面对客户、代理商或平台。每天绞尽脑汁、焚膏继晷地做活动、做促销并到处拜访客户，为的就是增加一点点业绩。

损益表
（1）营业收入
（2）营业成本
（3）营业费用
（4）企业税金

现金流量表

（10）现金流量

资产负债表

（5）应收账款 （6）存货 （7）固定资产	（8）银行
	（9）股东

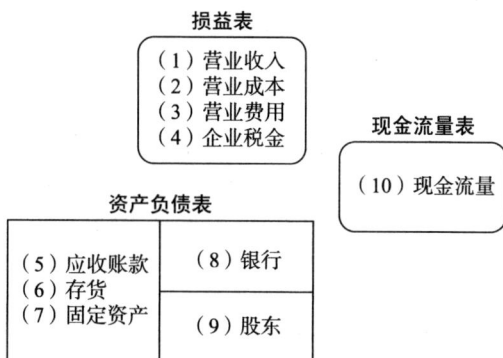

图 2　公司运营中需要搞定的三张表

（2）营业成本。你必须面对工厂在生产制造过程中需要支付的相关成本，以及在找代理商及渠道管理中涉及的成本问题。

好不容易搞定了这些事情，又要面临以下问题：

（3）营业费用。包括销、管、研、折旧费用与分期摊销费用等内部与外部团队的相关费用。

（4）企业税金。

（5）应收账款。明明账上显示赚钱，可为什么店里或公司账户上却没钱？这是因为你不懂得应收账款的催收技巧。

（6）存货。面对满山满谷的存货，本以为做个活动就能全部卖完，结果存货一动也不动，花掉了仅有的现金，造成经营困难。

（7）固定资产。创业初期好大喜功，买了很多不需要的固定资产。

为了获取足够的资金，又需要跟（8）银行与（9）股东往来。

（10）现金流量。为了确保明天还有现金使公司能持续运营，天天都得管好自己的现金流。

综上所述，我们才说创业是一条不归路。你必须连过十关，才有机会在野蛮的商业丛林中找到一条求生之路。

还好，现在，薛兆亨与徐林宽两位知名财报高手写了这本新书《财报一看就懂：财报高手教你提升创业投资赚钱力》，其内容扎实有趣，破除了一般人对数字的恐惧。读懂它，你就能打通创业的财务大道，学会创业过程中最重要的基本财务知识。

这是一本非常实用的创业财务工具书，真心推荐给你。

林明樟（知名上市公司财报职业讲师）

让会计学成为普及性知识

"会计是企业的语言。"

很多商学院教授在给大学新生上的第一堂会计学课上，都会把这句话作为开场白。也因为这样一句话，会计学便被提到了很高的位置。反过来想，既然会计是企业的语言，那不就表示，没学好这门语言，便没办法弄清楚企业管理了吗？也就是说，只有学好会计学，才有可能经营好企业！

于是，很多人马上兴致勃勃地打开厚厚的会计学英文原版书或中文参考书，但顿时发现，这门语言并不像看到的文字那样容易，虽然都是简单的加减乘除，但想把会计报表做到借贷平衡，可比解一元二次方程式麻烦得多。

很多大学生的4年大学学习生涯，是在小考大考无间断中度过的。然而，即使吞下了很多会计知识，他们对"会计是企业的语言"这句话，依然难以体会其深意。

毕竟，就算学会怎么计算所得税暂时性差异、怎么编制合并报表冲销分录，但如果从来没有接触过真正的企业账册，没有在实践中操作过，又怎么会有感觉呢？所以，对大多数会计系学生而言，也许只有大学毕业后，到会计师事务所查账或到公司里从事会计工作时，才能真正开始"活学活用"会计学知识。

会计系学生尚且如此，更遑论一般大众了。

以我这个在大学时被会计考试轰炸、在会计师事务所查账耗尽心力、在公司经历相关职位的多年资深会计人员来看，会计其实是一门相当务实、原理简单却又妙用无穷的学问。如同我的初级会计学教授所言，会计不仅是企业的语言，它还是你的安身立命之本，学好它虽不能保证你可以赚大钱，但一定能安稳地赚个小钱。只不过这门学科发展得越来越艰深，大家学起来很费力。

所幸，现在有了薛兆亨、徐林宽所写的《财报一看就懂：财报高手教你提升创业投资赚钱力》这本书，创新式地以故事切入、以图解说明，搭建了一座桥梁，让会计学与社会大众接轨，使其成为普及性知识。对于想要了解会计领域知识的人来说，学起来非常轻松。

这本书以年轻人安迪勇于辞去工作、创业追求梦想的故事为主线，以在商学院教书的王叔叔为辅助军师角色，讲述了一家养生便当店如何从无到有，以及在发展过程中安迪如何借助会计知识，让企业经营的蓝图和细节清楚呈现。如同在本书中所看到的那样，对想学好会计学的中小企业老板来说，这本书仿佛是导航地图，让他们知道自己身在什么位置、路线状况如何，以及该朝哪个方向前进。

全书分为5章，合起来正好是一个完整的创业故事。本书的主线从头到尾皆采用小说叙述法，每一章刚好是创业的一个阶段，我们不但可以看到安迪开一家店需要张罗哪些大大小小的事务，更能看到王叔叔丰富的财会知识在这个过程中发挥了什么样的作用。

第1章《甩开22K，微型创业去》，以摊贩开卖一个月的活动作为基础，提出流水账和会计账的差别，进而介绍财务报表五大要素、利润数量分析及损益表等概念。

第 2 章《做生意必练的数字力》，除了以实际个案详细推演股东权益、资产负债表、财务分析的概念，最后还抛出一个是否开店的情境题。

第 3 章《开店前，必须先知道的七件事》，以开店前的准备和开张一个月的情境为背景，探讨贷款、库存、折扣、盈余这些经营议题，并且带出应计基础、流量存量等基本但不容易直接理解的会计概念。

第 4 章《扩大营业该懂的资金分析》，从有人想和安迪赊账批货开始，讲述安迪和王叔叔热烈讨论诸如营运周转、收付款天数、流动比率等企业生意扩大过程中一定会遇到的难题，最后再以养生便当店经营一年的财务报表为例，抛出自有资本率的财务评估方法。

第 5 章《稳健经营，用财报检视企业状况》，王叔叔以财务报表分析作为压轴，通过讲解和对话阐述理财、投资和运营这企业经营三大活动，继而提出毛利率、净利率、周转率、资产报酬率、股东权益报酬率等财务观察指标，期许安迪的养生便当店能够长久地稳健经营与发展。

简单梳理这本书 5 章全部的内容概要，相信很多读者和我一样，认同作者在序言中所说的"正确的创业观念及实用的财务知识，已经是现代年轻人不可或缺的常识"。我们周围那些小创业主或曾经带动社会经济发展的中小企业家，大都经历过书中安迪开便当店所遇到的种种困惑和难题，但却少了一个像王叔叔那样的财会军师。如今，这本《财报一看就懂：财报高手教你提升创业投资赚钱力》，很值得推荐给所有有心创业和想学习财会知识的朋友。

学问难，更难的是实务。前文提到，会计学里从来没有比加减乘除更难的数学，但大学生想让一个报表借贷平衡却并不简单。即使修了 4 年会计课，面对书里提到的实务问题，大学生也许都和安迪一样感到困惑难解。所以，两位作者通过王叔叔简单明了、深入浅出地提醒修正，帮助安迪创业成功的故事，将符合实务需求的财会知识传达给所有读者。

书中安迪带女朋友请王叔叔吃了一顿日本料理，当然，王叔叔也结结实实地给他们上了一堂会计学课。我想起自己在事务所工作时，到客户那边查账，翻遍客户公司所有大小交易账册，编制了一本巨细无遗的工作底稿和查核报告，最后企业总经理请我们吃饭，席间仍不断向我们会计师请教，是否还有可以提出建议的地方。

如果当时我读过了薛兆亨、徐林宽所写的《财报一看就懂：财报高手教你提升创业投资赚钱力》这本书，那么当时对于企业总经理的诚心请教，就可以提供更多切合实务的财务会计观念了。

赞赞小屋（资深会计人）

开启成功之门，为竞争力加分

《富爸爸，穷爸爸》一书的作者罗伯特·清崎（Robert Kiyosaki）曾经说过，要成为有钱人，就必须学会有钱人的语言。

有钱人主要是通过经营企业及投资致富，然而要成功地经营企业与投资，则必须了解会计及商业的基本知识，尤其是企业的语言——财务报表。

一般的创业者多半只专注于自己的产品与市场，除非是有必要接触财务数字的人，否则对于会计与财务报表都采取敬而远之的态度，因为他们觉得这是数豆豆的玩意儿，和自己的经营成败无关。
实际上，对认识财务数字与经营管理基本知识的态度差别，就是有
钱人更有钱、穷人更穷的主要原因。

我们从事创业辅导多年，常常发现创业者对于记账没有什么概
念，仅凭经验法则做生意，连最基础的财务报表都看不懂，企业到
底有没有赚钱也不知道。这种凭直觉的经营方式在过去的年代或许
还可能成功，但是在现今高度竞争的时代，没有准确的数据作为决
策的基础，想要成功将会越来越困难。因此，我们想写一本让年轻
的创业者都能够读懂的会计书。

我们常在思索，写书本身并不难（至今已出版20本以上与财务
及会计相关的著作），但要写得简单、明了，甚至能让读者轻松阅
读，才是最具挑战性的。于是，我们特别选择以讲故事的方式来介
绍会计及商业知识，从一个大学生进入职场卖便当开始，结合基本
的商业经营实例，让读者容易吸收与了解，甚至获得共鸣，这也是
我们撰写本书最大的期盼。

正确的创业观念及实用的财务知识，已经是现代年轻人不可或
缺的常识。如果你对创业有兴趣，却不知从何开始；如果你对投资

有兴趣，却看不懂财务报表；如果你身为老板，都是靠别人帮你管账，自己却不懂这些数字的真伪及其背后的意义；如果你喜欢通过故事学习商业知识……本书将带给你另一种新的体验。此外，本书更是所有想要成为有钱人、达到财务自由的人必备的密钥。

在写书过程中，我们热烈讨论本书的写作方向和内容，并反复修正字句，以期达到浅显易懂的目标。诚心希望本书能够带给读者关于商业知识的启发，让创业者可以创业成功，让在职场上努力的上班族也能为自己的竞争力加分，这些正是身为知识分子的我们对社会的微薄回馈与贡献。

薛兆亨　徐林宽

目录

第 1 章

甩开 22K，微型创业去

第4章

扩大营业该懂的资金分析

第5章

稳健经营，用财报检视企业状况

第 1 章

� 甩 开 22K， 微 型 创 业 去

安迪从小就是个聪明伶俐的乖孩子，大学毕业后，选择在离家近的公司担任行政助理，每个月薪水22K（1K代表1 000元，22K即22 000元，本书中除特别说明外，"元"都代表新台币）。

日子过得很快，一转眼3年过去，安迪也25岁了，工作虽然安稳，这样的薪水也饿不死，但却存不了什么钱。看着电视上播放的健康养生节目，安迪忽然想到，小时候每年暑假都会到舅舅家帮忙卖便当，算起来自己对便当生意也有点认识，如果做个养生便当生意，应该很有商机！"我要做跟别人不一样的养生便当！"这个声音开始在安迪的心灵深处呐喊。

创业便当开跑

隔天，安迪对女友卡萝谈起毕业后的工作，感觉十分无趣又存不了钱。于是，他提起以养生便当创业的想法。

"嗯……养生的确是门好生意。最近我身边的长辈老是在谈养生的问题，现在的人越来越重视吃得健康，只要是健康相关的钱，再贵都舍得花。"卡萝赞同地说。

得到女友的认同，安迪更加兴高采烈了。一回到家，他双脚还没踏进大门，就兴奋地喊着："妈，我不要再领22K了，我想到要做什么事了！"

"什么事情这么慌慌张张？今天怎么这么晚才回来？"安迪的妈妈正在厨房，听到他的声音后匆匆走出来。

"我决定创业卖养生便当！"

安迪妈妈说："你想清楚了吗？"

安迪说："民以食为天，这年头卖吃的而且标榜养生的生意准没错。这几年来，你每天帮我做的便当健康又好吃，同事都看得流口水，所以我想来卖便当！"

"你想要卖给哪些人？"

"很多人啊，从老到少，尤其是经常在外面吃饭的上班族、单身者，都是我的目标客户。"

安迪妈妈眉头一松，似乎也看到养生便当的契机。"便当里有什么菜色？"

"这我都想好了，有养生饭、水煮蛋、氽烫肉片或鱼片，再加上五六种水煮青菜和特调酱汁，一定美味可口。"

"打算在哪里卖？"安迪妈妈问。

"首先要买台摊贩车。我已经跟卡萝讲好了，可以在她家的骑楼前摆摊，你看如何？"

"嗯，这样也不错！"安迪妈妈点了点头。

"有了摊贩车后，再买一些食材和锅碗瓢盆，然后找个帮手。人、事、物都具备了，就只差资金而已。"安迪说。

"那你需要多少资金呢？"安迪妈妈问。

由于安迪是标准的月光族，手头大概只有 10 000 元现金。"可能需要两三万吧！"对创业没什么概念的安迪顺口说，"妈，我可能得向您拿 20 000 元。"

安迪妈妈说："那我这算是投资，还是借钱给你呢？"

安迪想了一下说："有差别吗？反正都是钱啊。"

安迪妈妈回答："如果是投资，那我就是股东，理论上也算是老板，对你的生意要看头看尾。不过如果是借的，只要你还我钱，再加上一点利息，我就不插手去管你的生意是怎么做的。"

安迪想了想，妈妈平时有点唠叨，便说："我看你还是借钱给我好了，以后我赚了钱一定还给你，生意方面也不用你操劳。"

于是，安迪自己拿出 10 000 元的资本，并向妈妈借了 20 000 元，凑到 30 000 元后，便开始张罗他的小本生意。他依照计划，到二手餐具市场买了摊贩车，以及锅碗瓢盆等做生意的生产性资产，总共花了 24 000 元。

搞定硬件设备后，接下来就是找人帮忙了。他忽然想起邻居宗翰，高中毕业后准备当兵，目前赋闲在家，刚好可以帮忙。于是他告诉宗翰，愿意以 160 元／小时的工资请他帮忙。可是宗翰说，从家里出来一趟也要耗掉一个早上，能不能每天至少给足 3 小时的工资？安迪想了想，觉得也没错，当下讲定每天支付 3 小时的工资 480 元。

就这样，安迪的养生便当正式开张！

搞不定的混乱数字

为了庆祝开张大吉，安迪开业第一天采取优惠大特卖，现做便当每个定价 100 元，开张价打六折，每个特价 60 元。

第一天，安迪准备了100份便当的食材。由于前几天发出不少网络广告宣传，当日一开卖，抢购人潮不少。但因为安迪及宗翰两人都是新手，找钱、包便当一阵手忙脚乱，结果中午时段只卖出50个便当。

收摊后，安迪数了数当天的收入，总共3 000元。一个养生便当的实际成本约50元，他准备了100份，总共支出约5 000元，结果赔了2 000元，算一算，第一天还真是白努力了。安迪安慰自己，开工大吉，开心就好，何况当天还有人潮蜂拥的盛况，赔点钱就算是做广告吧。

第二天，安迪根据第一天的经验，总共准备了50个便当，心想："昨天人潮聚集在午餐时间，要不是因为我们的手脚不够利落，否则一定可以卖出超过50个便当。今天我就以价控量，恢复到原来100元的定价。看我的，今天一定会有利润！"他信心满满，手边虽然忙着准备材料，脑中却兀自做着白日梦。

午餐时间一到，来了一些上班族，但有人一看见定价已经涨到100元，转身就走。而这天正好下着绵绵细雨，附近住户都懒得出门，当天生意冷冷清清。收摊后算了一下，总共只卖出30个便当，收入一样是 3 000 元。但今天准备了 50 个便当，每个成本是 50 元，也就是支出了 2 500 元，第二天虽然小赚，却不理想（收入 3 000 元减成本 2 500 元，赚了 500 元），可以说又白努力了一天。

到了晚上，安迪清点了一下收支，不清楚问题到底出在哪里。当初自己出了 10 000 元的资本，向妈妈借 20 000 元，总共 30 000 元，扣掉购买设备的 24 000 元，还剩下 6 000 元。第一天赔了 2 000 元，第二天小赚 500 元，总共赔了 1 500 元，现在资本只剩下 4 500 元。今天宗翰开口要了两天的工资，共计 960 元（依当初约定每小时 160 元，一天至少做 3 小时，所以一天是 480 元，两天的工资共 960 元），现在安迪的资本只剩下 3 540 元。

面对一连串的数字，安迪脑中一片混沌，心想一定要有人帮忙才行。可是要找谁呢？这时他脑子里灵光一闪："对了，王叔叔在商学院教书，我可以向他请教，请他帮我解决问题。"有了这个想法之后，安迪心头的担子顿时轻了不少。

安迪立刻打电话与王叔叔联络。王叔叔为提携后辈，倒也答应得很爽快。与王叔叔敲定会面时间后，安迪决定暂停生意一天，先解决眼前的问题比较重要。

传说中的会计信息藏宝图

王叔叔见到安迪，十分开心地说："安迪啊，当老板了，恭喜！"

安迪求知心切，顾不得多说客套话，开门见山就把这两天面临的困境向王叔叔说明，并请他指点迷津。

王叔叔笑了笑，说道："其实这个问题很简单。来来来，别急，先喝杯茶，我再告诉你是怎么一回事。"

安迪跟着王叔叔进了书房，发现书柜上摆满了各种商学用书、期刊，对他来说，这些书实在深不可及，心中霎时觉得："今日有幸入得宝山，焉能不学些知识回家？"抱着学艺的精神，他恭敬地跟在王叔叔后面。

王叔叔找了个位子示意安迪坐下来，不疾不徐地啜了口茶。看着一脸狐疑的安迪，他终于开口问："先告诉我整件事的来龙去脉，我们再来讨论。"

安迪很快说明了状况，并翻出这两天的账册，恭敬地摆在王叔叔面前（见表 1-1）。

表 1-1　10 月 1 日~6 日收支明细表

日期	项目	收入（元）	支出（元）	余额（元）
10/1	安迪投资	10 000	–	10 000
10/2	妈妈借款	20 000	–	30 000
10/3	买摊贩车	–	24 000	6 000
10/5	买 100 份便当食材	–	5 000	1 000
10/5	售出 50 份便当	3 000		4 000
10/6	买 50 份便当食材	–	2 500	1 500
10/6	售出 30 份便当	3 000	–	4 500
10/6	宗翰薪资	–	960	3 540

迅速浏览完安迪的数据后，王叔叔抬起头，推了推鼻梁上的老花眼镜说："安迪，这就是所谓的**流水账**，虽然可以说明企业的活动，却无法完整表达一家企业经营所需要的相关信息。企业经营所需要的信息叫作**会计信息**，我们把它称为**财务报表**，这是每个人都

要看得懂的东西。但因为财务报表里有很多会计概念，所以一般不具备会计知识的人会觉得，解读财务报表是件不容易的事。其实要看懂财务报表并不难。我先画一张图给你看看。"

王叔叔拿起纸笔，画了一张图（见图1-1）。

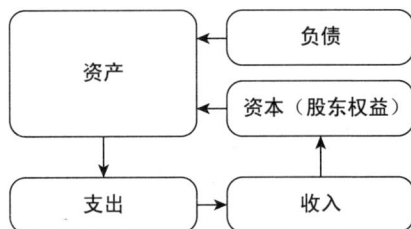

图1-1

安迪看了看，这张图分成五个部分，左边最大的一块是"资产"，下面有一条线指向"支出"，支出右边又有一条线指向"收入"，收入则有一条线指向"股东权益"，负债及股东权益则各有一条线指向"资产"。

安迪挠了挠脑袋，实在看不懂，开口问："王叔叔，这是什么东西？为什么要分成两边？"

"这就是一般流水账与根据企业营运所需信息而采用的会计处理

之间的差异，是很重要的图，我们叫它**财务报表五大要素**，所有企业经营所需要的信息都在这张财务报表里。我现在就一步步告诉你报表是如何形成的。"

原来资产这样算

安迪注视着王叔叔画的图，专心聆听着。

王叔叔问："你为什么要做生意？"

"当然是想要赚钱啊！"安迪说。

"很好。想要赚钱先要怎么做呢？"

"就是我现在正在做的：做生意卖东西啊！"

"做生意需要钱，那么你的钱从哪里来？"

"用我自己的积蓄投资。"

"根据你提供的资料，你投资的 10 000 元在报表上记录为资本 10 000 元，也就是你的资产（现金）是 10 000 元。所谓资产，指的就是具有未来经济效益的资源。"王叔叔边说边拿笔在纸上画了张图（见图 1-2）。

日期	项目	收入（元）	支出（元）	余额（元）
10/1	安迪投资	10 000	—	10 000

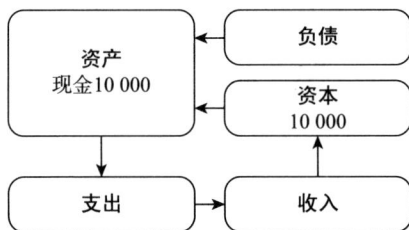

图 1-2

王叔叔继续问："光靠你自己的钱来做生意够吗？"

"不够。以前没想过要创业，所以没存什么钱，想要什么就买什么，钱几乎都花掉了。"

"钱不够又想做生意赚钱，该怎么办呢？"

安迪腼腆地说："目前想得到的只有跟妈妈借。"

王叔叔说："你跟妈妈拿钱，这笔钱需要还给她吗？"

"要不要还有差别吗？"安迪问。

"当然有差别。不用还的状况在会计学上叫作'投资'，属于**资本**；将来需要偿还的叫作**负债**。"王叔叔说。

"原来如此。"安迪敲了敲自己的脑袋，这句话令他茅塞顿开。

他兴致勃勃地接着问："我自己投资 10 000 元，向妈妈借 20 000 元，所以向妈妈借的是负债，自己投资的 10 000 元是资本？"

王叔叔有条不紊地边画边说："妈妈借你的 20 000 元记录为负债及资产（现金）20 000 元。"（见图 1-3）

日期	项目	收入（元）	支出（元）	余额（元）
10/1	安迪投资	10 000	–	10 000
10/2	妈妈借款	20 000	–	30 000

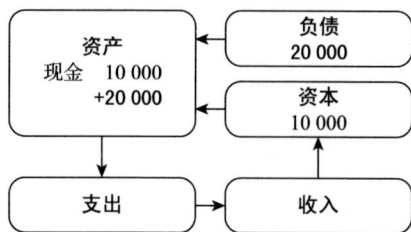

图 1-3

王叔叔在图中的"资产"里填上现金 30 000 元，负债是 20 000
元，资本是 10 000 元。"安迪，你看看这样是不是左边等于右边？
所以现在左边的资产总共是 30 000 元，而资产的来源是负债 20 000
元及资本 10 000 元，加起来也是 30 000 元。"（见图 1-4）

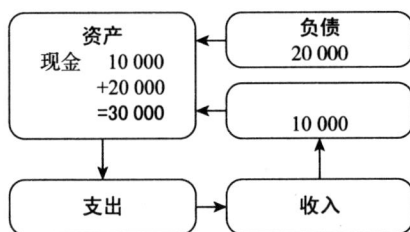

图 1-4

安迪说："之前向妈妈拿钱时，妈妈也讲过类似的话，原来就是
这个意思。"

"接着，我们讨论下一步。有了钱以后，你做的第一件事情是
什么？"

"先去买摊贩车及锅碗瓢盆。"

"买这个做什么用途？"

"用来做赚钱的工具及器材啊！"

"这就对了，在会计学上，这就是资产中的**生产性资产**。资产是用来运营以创造收入的财产。"王叔叔说，"好，那你投入的 10 000 元和向妈妈借的 20 000 元，总共 30 000 元，你怎么使用?"

安迪回答:"摊贩车及锅碗瓢盆一共花了 24 000 元，还剩下 6 000 元现金。"

听完安迪的话，王叔叔立刻在图中的"资产"里填上现金 6 000 元及生产性资产 24 000 元（见图 1-5）。

日期	项目	收入（元）	支出（元）	余额（元）
10/1	安迪投资	10 000	–	10 000
10/2	妈妈借款	20 000	–	30 000
10/3	买摊贩车＋锅碗瓢盆	–	24 000	6 000

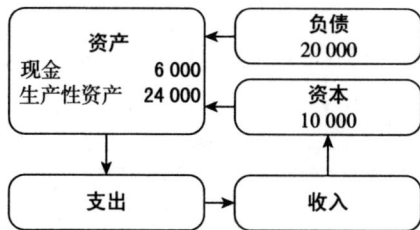

图 1-5

王叔叔问："接下来又做了什么事？"

"我做了 100 个养生便当，每个成本 50 元，总共花费 5 000 元。"

王叔叔说："这就是会计学上的**现金支出**啊！"他在"资产"那

个方格填入"现金减去 5 000 元，剩 1 000 元"，在支出的方格中写

了 5 000 元（见图 1-6）。

日期	项目	收入（元）	支出（元）	余额（元）
10/1	安迪投资	10 000	–	10 000
10/2	妈妈借款	20 000	–	30 000
10/3	买摊贩车	–	24 000	6 000
10/5	买 100 份便当食材	–	5 000	1 000

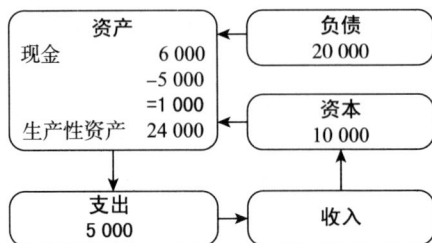

图 1-6

王叔叔又问："花费 5 000 元的支出，卖了多少钱？"

"唉，第一天因为开张特价六折，一个便当卖 60 元，那天生意虽然不错，但因价格低，加上动作不熟练，总共只卖了 3 000 元。"

"这个 3 000 元就是收入啦，也会使得现金增加。"

王叔叔在"收入"处填上 3 000 元，然后在资产的"现金"处填入 3 000 元，加上剩下的现金 1 000，总共 4 000 元（见图 1-7）。

日期	项目	收入（元）	支出（元）	余额（元）
10/1	安迪投资	10 000	–	10 000
10/2	妈妈借款	20 000	–	30 000
10/3	买摊贩车	–	24 000	6 000
10/5	买 100 份便当食材	–	5 000	1 000
10/5	售出 50 份便当	3 000	–	4 000

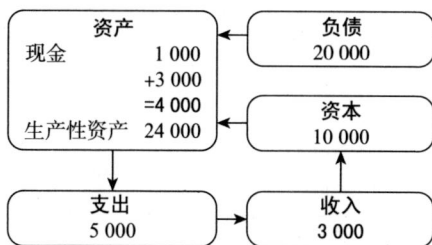

图 1-7

王叔叔接着问："第二天怎么样？"

"第二天我只敢准备 50 个便当，所以支出是 2 500 元。"安迪急着想厘清自己的观念是否正确，随手拿起桌上的笔，说："王叔叔，我来画画看。是不是在现金这里减 2 500 元，剩下 1 500 元，然后支出增加 2 500 元，两天下来总共支出 7 500 元。对不对？"（见图 1-8）

日期	项目	收入（元）	支出（元）	余额（元）
10/1	安迪投资	10 000	–	10 000
10/2	妈妈借款	20 000	–	30 000
10/3	买摊贩车	–	24 000	6 000
10/5	买 100 份便当食材	–	5 000	1 000
10/5	售出 50 份便当	3 000	–	4 000
10/6	买 50 份便当食材	–	2 500	1 500

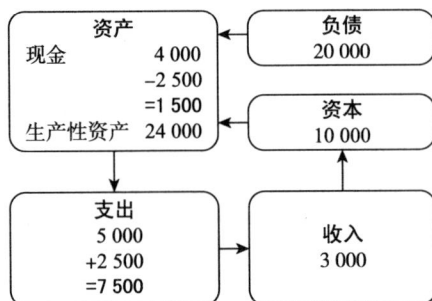

图 1-8

王叔叔肯定地点点头，觉得这孩子真是孺子可教也，脸上掩不住赞赏的笑容。他接着问："那么你第二天卖了多少钱？"

安迪不好意思地说："第二天恢复原价 100 元，只卖出 30 个便当，收入还是只有 3 000 元。"

他径自拿着笔在图上的现金项目里增加 3 000 元，原来有 1 500 元，现在变成 4 500 元。同时，他在收入的方格里也增加 3 000 元，合计 6 000 元（见图 1-9）。

王叔叔问："这两天营业下来的结果如何？"

安迪回答："实在很惭愧，当然是赔钱了。我的收入是 6 000 元，支出 7 500 元，赔了 1 500 元。"

日期	项目	收入（元）	支出（元）	余额（元）
10/1	安迪投资	10 000	–	10 000
10/2	妈妈借款	20 000	–	30 000
10/3	买摊贩车	–	24 000	6 000
10/5	买 100 份便当食材	–	5 000	1 000
10/5	售出 50 份便当	3 000	–	4 000
10/6	买 50 份便当食材	–	2 500	1 500
10/6	售出 30 份便当	3 000	–	4 500

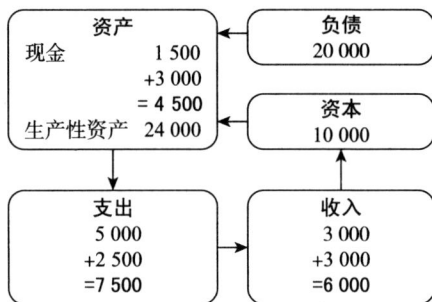

图 1-9

王叔叔说："只是这样吗？还有其他花费支出吗？"

安迪又习惯性地挠了挠脑袋，用力思考着。

王叔叔问："有没有请人帮忙？"

安迪点了点头，说："对了，我有请人帮忙，付了工资 960 元。"

于是王叔叔在"支出"方格里增加 960 元，同时在"现金"项目上减少 960 元，结果支出合计为 8 460 元，现金则减少为 3 540 元（见图 1-10）。

王叔叔问："好，做个总结。你认为这两天赔了多少？"

安迪说："嗯，这两天的收入总共是 6 000 元，支出为 8 460 元，收入减掉支出，总共赔了 2 460 元。"

日期	项目	收入（元）	支出（元）	余额（元）
10/1	安迪投资	10 000	–	10 000
10/2	妈妈借款	20 000	–	30 000
10/3	买摊贩车	–	24 000	6 000
10/5	买 100 份便当食材	–	5 000	1 000
10/5	售出 50 份便当	3 000	–	4 000
10/6	买 50 份便当食材	–	2 500	1 500
10/6	售出 30 份便当	3 000	–	4 500
10/6	员工薪资	–	960	3 540

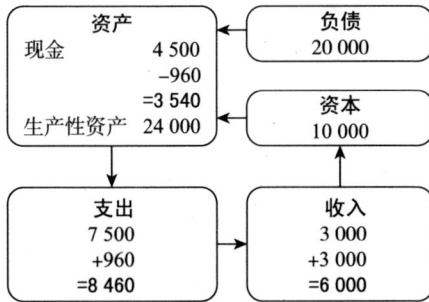

图 1-10

看到这个结果，安迪心里一股挫折感油然而生。

要卖几个便当才不会赔

怀抱着热忱创业，但才做两天就赔了 2 000 多元，安迪纳闷，到底怎么做才不会赔钱呢？

王叔叔问："你连续两天赔钱，知道每天要卖几个便当才不会赔吗？"

安迪想了想，随口说："大概 30 个吧。"

"为什么是 30 个？你是根据什么来估计的呢？"王叔叔问。

安迪回答："我的养生便当成本每个 50 元，售价 100 元，一个赚 50 元，30 个就可赚 1 500 元。"

王叔叔听出安迪似乎是随便说了一个数字。他问："那你第二天不是也卖了 30 个便当吗？为什么没赚钱呢？"

安迪说："因为我进了 50 份便当的食材，所以支出大于收入。

如果我只进 30 个便当的食材，就一定赚钱啦。"

"不不不，不是这样子算的。你不是还找了朋友帮忙，要不要给人家工资呢？"王叔叔焦急地说。

安迪斩钉截铁地说："要啊！他每天来帮忙 3 小时，每小时的工资是 160 元，我每天给他 480 元的工资。"

王叔叔问："480 元要卖几个便当才能赚回来？"

安迪说："这个嘛，480 元除以每个赚的 50 元，总共要卖出 9.6个，取整数就是要卖 10 个便当才有办法支付工资。"

王叔叔说："那就对了。明明还要多卖 10 个来支付工资，你怎么说卖 30 个便当就够成本呢？"

安迪不好意思地摸摸头，不敢再吭声。

王叔叔又问："依照你的理想，一个月打算要赚多少钱才够？"

安迪说："以前上班时，含加班及三节奖金，最多曾经一个月领30 000 元，所以至少要赚到这个数目吧，才不枉费我开店做生意的本意。"

王叔叔说："一个月 30 000 元，每天就是 1 000 元，那你要多卖几个便当？"

安迪回答："一个便当赚 50 元，1 000 元要多卖 20 个，再加上刚刚的 10 个……"这次算是让安迪蒙对了，答案就是多卖 30 个便当。

王叔叔说："做生意不能老用猜的，要有方法，而这个方法就叫作**利润 – 数量分析**，只要把预定要赚的钱加上固定成本后除以利润，就能得出销售数量了。以你的例子来看，预计每天要赚 1 000 元，加上每天要付的工资 480 元（固定成本），合计每天是 1 480 元，再除以每个便当赚的 50 元，一天下来要卖 29.6 个，约为 30 个，这样才能够达到你的预定目标。"

听完王叔叔的说明，安迪恍然大悟。

王叔叔又问："如果每天卖 40 个便当，会赚更多吗？"

"如果全部都卖光，当然会赚更多啊。"安迪说，"可是依照前两天的经验，平均每天只卖出 30 个，这样一来，另外 10 个的成本 500 元就赔掉了。"

"你估计每天至少可以卖几个便当？"

"以目前来看，每天卖 30 个应该不成问题。"

王叔叔看到了安迪的自信与笃定，便要他先回家，以每天卖出 30 个便当作为目标，然后两人约定一个月后再来讨论进一步的行动。

回家路上，安迪望着车窗外飞驰而过的景物，似乎也加速了他冲刺事业的野心。他从口袋里摸出了随身笔记本，写下简单的销售收支表：

○ 每日基本开销，宗翰的工资每小时 160 元，每天 3 小时，总共 480 元。

○ 30 个便当成本，每个 50 元，总共 1 500 元。

○ 每天卖 30 个便当，每个售价 100 元，每天的收入总共 3 000 元。

○ 预计每天收入 3 000 元，减去便当成本 1 500 元及宗翰工资 480 元，净赚 1 020 元。

○ 预计每个月做 25 天的生意，每月赚 25 500 元。比起上班的时候最高月薪 30 000 元，还少了 4 500 元。

看着这份收支计划表，安迪摇了摇头，心想：这样怎么够？起码也要比以前的薪水多一半以上才值得。于是，他用王叔叔教的方法又算了一次。

他再次整理，列出如下清单：

○ **固定成本**：人力成本每天 480 元，乘以 25 天（工作天数），共 12 000 元。

○ **预计获利**：每个月获利要比上班时的月薪 30 000 元还要多 50%，也就是 30 000 元 ×（1+50%），即 45 000 元。

○ **预计卖出几个便当**：固定成本 12 000 元加上预计获利 45 000 元，合计每月收入要达 57 000 元，才能符合获利要求。接着将这个数字除以每个便当的利润 50 元，得出每个月需卖出 1 140 个便当，再除以 25 个工作日，平均每天要卖出 45.6 个，也就是 46 个（57 000 ÷ 50 ÷ 25）。

安迪心想：每天要卖 46 个便当恐怕有困难，该怎么办才好？当初预计每天可以卖 100 个便当，才请宗翰来帮忙，现在既然每天不可能卖出 100 个，甚至可能连 50 个都没办法达成，也许暂时不用宗翰帮忙，自己一个人先应付再说。

如果不请宗翰帮忙，就表示不用负担他的薪资。如此一来，如果每个月要赚 45 000 元，要卖几个便当呢？安迪开始思考、计算。

他用 45 000 元除以每个便当所赚的 50 元，得出一个月要卖 900 个便当，也就是说，每天卖 36 个便当就够了（45 000÷50÷25）。

当下他高兴得拍手叫好，惹来前座女士的白眼。他不好意思地别过脸去，脑中仍继续做着他的养生便当大梦。他心里想着：这么一来，我每天卖 36 个便当一定没问题。好，等一下就跟宗翰说，请他暂时不用来帮忙。

完成了销售计划，安迪心中一块大石落下，回家的步伐也跟着轻盈起来。夜幕低垂的街上，似乎还可听见安迪愉悦的口哨声。

🐷 财务小知识 ....

用"利润－数量分析"估算损益两平

这是一种判断若要不赚不赔（损益两平）或者要赚 10 万元必须销售多少量或金额的分析。在了解这个观念之前，必须先知道"固定成本"和"变动成本"这两个名词。

固定成本：不管销售多少个，成本都是不变的。例如每天要支付宗翰的工资 480 元，不管卖 100 个便当还是 30 个便当都是固定要支出的。通常租金、薪资都是固定成本，不会随着销售数量而变动。

变动成本：这是会随销售数量增加（或减少）而增加（或减少）的成本。例如，每个便当的成本是50元，卖100个的成本是5 000元（50元×100个），卖30个的成本是1 500元（50元×30个）。

如果每天付给宗翰的人力成本480元是唯一的固定成本，我们可以把数量与利润的关系列在表1-2：

表1-2 数量与利润的关系

销售数量 ①	销售单价（元）②	销售收入（元）③（①×②）	单位变动成本（每个便当的成本）（元）④	变动成本合计（元）⑤（①×④）	固定成本（宗翰的工资）（元）⑥	支出合计（元）⑦（⑤+⑥）	利润（损失）（元）⑧（③-⑦）
2	100	200	50	100	480	580	−380
4	100	400	50	200	480	680	−280
6	100	600	50	300	480	780	−180
8	100	800	50	400	480	880	−80
10	100	1000	50	500	480	980	20
12	100	1200	50	600	480	1 080	120
14	100	1400	50	700	480	1 180	220
16	100	1600	50	800	480	1 280	320
18	100	1800	50	900	480	1 380	420

从表中可以知道，如果卖 8 个便当是赔 80 元，卖 10 个便当则赚 20 元，不赚不赔应该是卖 9 点多个便当，所以在这个例子中，不赚不赔（损益两平）的销售数量为 10 个，算法如下：

固定成本 480 元（宗翰的工资）÷（销售单价 100 元 − 变动成本 50 元）= 9.6 个。

也就是约 10 个，此即损益两平销售量。

到底赚了多少钱

安迪向王叔叔请教后的第二天，就按照他的计划开始营业，并将每天的营业结果包括收支明细表，先以流水账方式记录下来。经过连续记账，果然这个月赚钱了。

一个月后，安迪买了高级水果礼盒并带着他的收支明细流水账，高兴地赴王叔叔的约定，准备向他好好报告。

安迪一路上笑容满面，脑海中浮现出养生便当的未来事业蓝图，心想，假以时日，可开个加盟店来扩大经营，也许很快就有第一桶金了。

不久，安迪到了王叔叔家，掩不住内心的兴奋，向王叔叔说："我这个月赚了 32 140 元，比我以前当员工时的月薪还多了 2 140 元。对一个刚开始学做生意的人来说，我觉得还不错，可以继续做下去。"说完，立刻秀出他的收支明细表（见表 1-3）。

表 1-3　10 月份收支明细表

日期	项目	收入（元）	支出（元）	余额（元）
10/1	资本	–	–	10 000
10/2	向妈妈借	20 000	–	30 000
10/3	买摊贩车	–	24 000	6 000
10/5	买食材	–	5 000	1 000
10/5	卖 50 个	3 000	–	4 000
10/6	买食材	–	2 500	1 500
10/6	卖 30 个	3 000	–	4 500
10/6	宗翰工资	–	960	3 540

续表

日期	项目	收入（元）	支出（元）	余额（元）
10/10	买食材	—	1 800	1 740
10/10	卖36个	3 600	—	5 340
10/11	买食材	—	1 800	3 540
10/11	卖36个	3 600	—	7 140
10/12	买食材	—	1 800	5 340
10/12	卖36个	3 600	—	8 940
10/13	买食材	—	1 800	7 140
10/13	卖36个	3 600	—	10 740
10/14	买食材	—	1 800	8 940
10/14	卖36个	3 600	—	12 540
10/15	买食材	—	1 800	10 740
10/15	卖36个	3 600	—	14 340
10/15	摊贩车维修	—	1 000	13 340
10/16	买食材	—	1 800	11 540
10/16	卖36个	3 600	—	15 140
10/17	买食材	—	1 800	13 340
10/17	卖36个	3 600	—	16 940
10/18	买食材	—	1 800	15 140
10/18	卖36个	3 600	—	18 740
10/19	买食材	—	1 800	16 940
10/19	卖36个	3 600	—	20 540
10/20	买食材	—	1 800	18 740

续表

日期	项目	收入（元）	支出（元）	余额（元）
10/20	卖 36 个	3 600	–	22 340
10/21	买食材	–	1 800	20 540
10/21	卖 36 个	3 600	–	24 140
10/22	买食材	–	1 800	22 340
10/22	卖 36 个	3 600	–	25 940
10/23	买食材	–	1 800	24 140
10/23	卖 36 个	3 600	–	27 740
10/24	买食材	–	1 800	25 940
10/24	卖 36 个	3 600	–	29 540
10/25	买食材	–	1 800	27 740
10/25	卖 36 个	3 600	–	31 340
10/26	买食材	–	1 800	29 540
10/26	卖 36 个	3 600	–	33 140
10/27	买食材	–	1 800	31 340
10/27	卖 36 个	3 600	–	34 940
10/28	买食材	–	1 800	33 140
10/28	卖 36 个	3 600	–	36 740
10/29	买食材	–	1 800	34 940
10/29	卖 36 个	3 600	–	38 540
10/30	买食材	–	1 800	36 740
10/30	卖 36 个	3 600	–	40 340
10/31	买食材	–	1 800	38 540
10/31	卖 36 个	3 600	–	42 140

王叔叔拿着他的流水账看了一下。只见他双眉微皱，露出质疑的表情。他问："你是怎么算的？"

安迪指一指流水明细账最下面那一行的 42 140 元，告诉王叔叔说："我原来只有 10 000 元，现在有 42 140 元，所以赚了 32 140 元，不是这样算的吗？"

王叔叔不以为然地摇了摇头，说："当然不是啊！安迪，你上次来的时候，我们不是画了一张图吗？"

他拿出纸笔，再次绘出财务报表的五大要素关系图。"上次我们提到，你自己投入了 10 000 元'资本'，妈妈借你 20 000 元是'负债'，所以 10 000 元加 20 000 元，总共有 30 000 元的'资产'。"（见图 1-11）

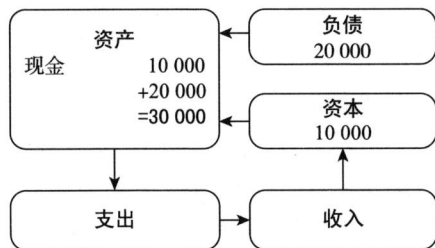

图 1-11

看着安迪的流水账，王叔叔接着说："接下来就要计算你这个月真正的收入了。应该是卖养生便当的部分，总共有 24 笔。你加加看有多少钱？"

安迪拿起计算器迅速加总了一下，说："收入总共有 85 200 元。"

接着，王叔叔就在"资产"的方格里写下现金加 85 200 元，在"收入"的方格里也写了 85 200 元（见图 1-12）。

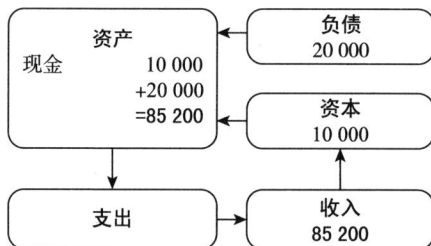

图 1-12

王叔叔把流水账交给安迪。"安迪，你再算算看，这个月支出的部分总共是多少钱？"

安迪估算着支出项目，包括买摊贩车等 24 000 元、24 笔食材成本共 47 100 元，还有刚开张时请宗翰帮忙的工资 960 元，以及一笔摊贩车修理费 1 000 元。"所以这些都要填列在'支出'那个方格，对不对?"他问。

王叔叔说:"好像不对哦……上次你来这里时，我不是教你一个观念，摊贩车等 24 000 元是生产性资产，所以属于资产，不过购买摊贩车等也耗掉了 24 000 元现金。"

安迪盯着王叔叔的笔，他在"资产"的"现金"项目中减去 24 000 元，而在"生产性资产"项目中增加 24 000 元（见图 1-13）。

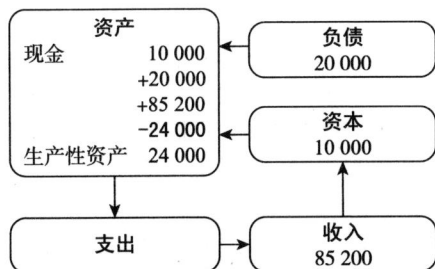

图 1-13

安迪好像开窍般接着说:"那么剩下的 24 笔食材费用应该是'支出'吧?"

王叔叔说:"对！没错。"接着在"资产"的"现金"项目下减

去 47 100 元，并在"支出"的"食材支出"项目下填入 47 100 元
（见图 1-14）。

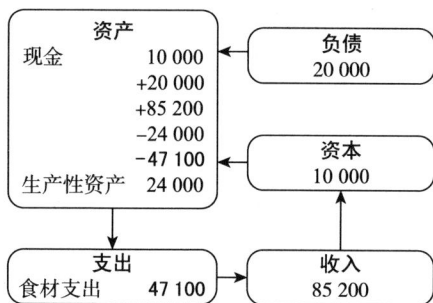

图 1-14

看着这张图，安迪不解地问："那工资 960 元及修理费 1 000 元
要放在哪儿呢？"

王叔叔回答："这也是另外两种支出啦！"说着便在"资产"的
"现金"项目下减去 960 元及 1 000 元，在"支出"的方格里则填上
工资 960 元及修理费 1 000 元（见图 1-15）。

王叔叔拿下眼镜说："安迪，接下来请把这 5 个区块的数字计算
一下。"

安迪忙不迭地拿起计算器敲打一番，写下答案后恭恭敬敬地交

给王叔叔。

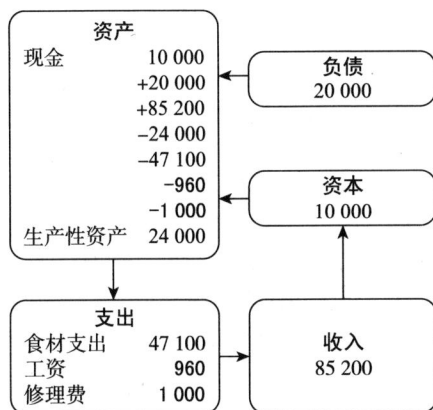

图 1-15

王叔叔再度戴上眼镜，看着安迪计算出来的数字（见图 1-16）。

现金部分加减后剩 42 140 元，生产性资产为 24 000 元，所以总资产是 66 140 元。

负债为 20 000 元，资本是 10 000 元，收入为 85 200 元。

支出的方格里包括食材支出 47 100 元、工资 960 元及修理费 1 000 元，总支出为 49 060 元。

王叔叔问安迪："现在你想想看，这一个月来到底赚了多少钱呢?"

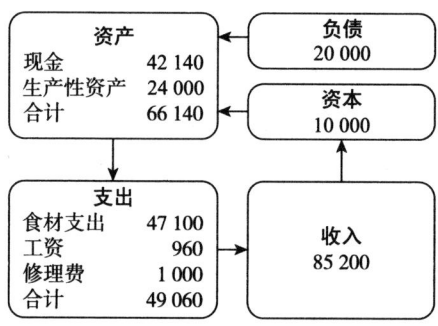

图 1-16

安迪盯着那张图,想了一下说:"收入 85 200 元减去支出 49 060
元,所以应该赚了 36 140 元。这比我当员工时的薪水 30 000 元还
多耶!"

编制第一张损益表

王叔叔说："这张图还没完成，我们再来进一步讨论。你认为这个月赚了 36 140 元，这应该属于你妈妈的获利还是你的呢？"

安迪不假思索地说："妈妈并没有出面来帮我，理所当然是我的啊。"

王叔叔说："最后的盈余必须回馈到资本，为股东谋取最大利益，才是企业经营的最终目的。"于是，他在"资本"的方格中填入"利润 36 140"（见图 1-17）。

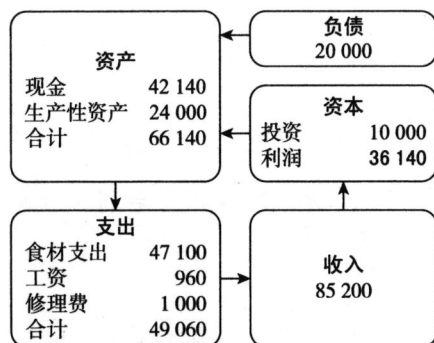

图 1-17

王叔叔指一指图上的线条说："资本与负债都是企业资金的来源，用来投入取得资产，也就是企业资金的用途。为什么要取得资产呢？因为要赚取收入就得使用或耗用这些资产，而资产的使用或耗用就是支出。所以我们可以说，为了赚取收入就必须使用或耗用这些支出，然后赚取收入。

"那么，为什么要赚取收入就得使用或耗用这些支出呢？因为这是投入和产出的概念，也就是会计上所说的**收入成本配比原则**，即企业为了做生意，必须先取得资产，如现金或生产性资产，然后使用或耗用这些资产来赚取收入。一般来说，**损益表**就是收入减去支出，但为了让损益表能更有效地表达企业经营成果的各个方面，支出部分又可细分为**成本**与**费用**。所谓'成本'，就是与产品直接相关所发生的支出，例如食材支出；而'费用'则是与产品没有直接相关但能促成交易完成的各种支出。所以损益表就变成'收入－成本－费用＝盈余'，收入减去成本称为**毛利**，毛利减费用才是最后的**盈余**。"

王叔叔喝了口茶，清了清喉咙接着说："我以你的例子来说明。首先，要卖便当必须先买进食材，这就是有投入才有产出的概念。

但实际上，一般企业经营除了投入产品原材料之外，同时也要有店面租金、工资、水电费等，这些支出都会耗用资产，也就是现金。有了这些支出后，才有机会做生意、赚取收入。所以，要赚取收入的先决条件是必须使用或耗用这些支出。

为了正确计算盈余，必须将产生收入所投入的相关支出加以详细记载，而这就是会计上所谓的'收入成本配比原则'，也是编制损益表的重要概念。"

财务小知识

认识损益表

所谓"损益表"，是用来说明企业于一段期间内的经营结果，也就是赚钱或赔钱的报表，通常会显示收入和支出（成本及费用）、盈余和损失的金额。

我们可以依照前面提到的财务报表五大要素图来编制损益表，其元素是"收入"及"支出"。"收入"是企业营业所获得的收入；"支出"是为了赚取收入所支出的花费，包括成本及费用。"盈余"

指收入大于支出的部分，归属于股东，使股东权益增加；"损失"则为收入小于支出的部分，会使股东权益减少。

安迪一脸疑惑，不解地说："王叔叔，可以请你再解释清楚吗？我一下子无法理解，它代表什么意思呢？"

王叔叔说："基本上有几种状况，例如要产生100元的便当收入，就必须投入50元的食材'成本'，这就有直接的因果关系。另一种支出虽然没有直接的因果关系，但做生意就必须有一些基本的投入，例如租金支出、薪资支出、水电支出等，这些支出不一定能产生收入，但要做生意就得有这些基本开销，在会计上我们称之为'费用'。"

王叔叔指出，收入与支出的差额如果是正数就叫作"盈余"，如果收入小于支出，就会产生"损失"。无论是盈余还是损失，经营结果都要由股东来承担，也就是盈余和损失均须回馈给资本，盈余会使资本增加，损失则使资本减少，这一整个循环就是企业经营的道理。

对于王叔叔说明的盈余和损失的关系，安迪越听越糊涂。他问：

"王叔叔，我有点糊涂了，当初我的计算是赚了 32 140 元，现在怎么是赚 36 140 元，和我当初想的不一样，为什么会这样？"

王叔叔笑了笑："这就是会计账与流水账不同的地方啊。所以正确的损益表是这样子编的……"

他顺手拿起桌上的纸笔，写下如下的会计账：

收入	85 200
支出	
成本	47 100
工资支出	960
修理费支出	1 000
	49 060
盈余	36 140

王叔叔告诉安迪，如果把支出部分再细分，可以分为"成本"与"费用"，那么损益表上可以这样编列：

收入		85 200
成本		<u>47 100</u>
毛利		38 100
费用		
工资支出	960	
修理费支出	<u>1 000</u>	<u>1 960</u>
盈余		<u>36 140</u>

"原来如此。"安迪发现，他原本用流水账记录的收入和支出相减的结果是 32 140 元，但用符合会计原理的损益表记录收入和支出时，收支相减的结果就会是 36 140 元。原来用损益表算出的收入、支出和盈余，和流水账所记录的收入、支出和盈余是有明显差别的。

"现在你对损益表有点概念了吧。"王叔叔说，"接下来，我再告诉你资产负债表和损益表有什么不同。"

本章摘要

○ 流水账和会计账所需信息是不同的。流水账可用以说明企业活动，但无法完整表达企业经营所需的相关信息。而企业经营需要的信息叫作"会计信息"，都放在财务报表中。流水账的好处是简单易学，每个人都会，缺点是无法分类及汇总财务报表五大要素各项目的金额，所以没办法编制财务报表。再则，如果记账有错误，流水账会无法复核，导致信息错误。

○ 财务报表五大要素包括"资产""资本""负债""收入"和"支出"。股东投资的钱属于"资本"，债权人借的钱属于"负债"，资本和负债构成了"资产"。"收入"和"支出"会影响到资产，收入造成资产增加，支出造成资产减少。采购生产性资产会耗用资产中的现金，但买来的生产性资产属于资产的一部分，因此不能当成支出。

○ 做生意要估算做多少不会赔，就得采用"利润－数量分析"，将预定要赚的钱加上固定成本后除以利润，便能得出销售数量。

○"损益表"是用来说明企业于一段期间内是否赚钱的报表，如果想知道企业的收入和支出的情形，以及盈余如何造成资本的增减，就必须编制"损益表"。

练习试题

问题1

前文提到，安迪考虑在不请人帮忙的情况下，预计获利 45 000 元。请帮安迪验算一下，为什么每天卖36个便当，一个月（25个工作日）可以赚 45 000 元？

问题2

再帮安迪算一下，如果他希望每天赚600元，得卖出几个便当才行？

问题 3

小华要开一家咖啡店，每杯咖啡售价 50 元，成本 25 元（变动成本），每月房租包括水电费 50 000 元（固定成本），聘请两名员工，每人每月 20 000 元薪资，两人每月共 40 000 元（固定成本）。

①请问每个月要卖多少杯咖啡才不会赔（损益两平）?

②如果小华预计每个月要赚 60 000 元，每天要卖几杯咖啡?

③由于小华的店附近也开了一家咖啡店，该店咖啡一杯卖 40 元。为了与同行竞争，小华也将每杯咖啡降价为 40 元，那么要卖多少杯才不会赔钱?

Note

第 2 章

做 生 意 必 练 的 数 字 力

经过王叔叔的详细说明，安迪总算对会计账和流水账有了一些认识，也很好奇资产负债表和损益表到底有什么不同。他继续凝神聆听王叔叔的说明。

损益表及资产负债表的不同

王叔叔看着安迪专注的模样，笑着说："如果想知道一家企业是不是很有财力，首先得知道企业拥有资产的多寡。简单来说，企业拥有的资产越多，就表示财力越雄厚。我来考考你，如果一个人拥有2亿元的财产，是不是代表他有很多财富呢？"

安迪毫不犹豫地说："2亿元！当然是有钱人啊！"他禁不住幻

想，如果自己有 2 亿元会是啥模样，应该有劳力士表、豪宅、奔驰黑头车……

王叔叔看着两眼发直、不知神游到何方的安迪，赶忙打断他的胡思乱想。接着问："假如他同时欠银行 3 亿元呢？你是不是也认为他是有钱人？"

"那就不能算是了，至少我觉得我现在还有赚的 1 万元，算一算比他有钱。他是负债 3 亿元啊。"安迪肯定地说。

"那就对啦。"王叔叔说，"所以，我们必须将企业所拥有的财产减去借来的钱（负债），剩下的部分才能真正显示出企业真实的财力。**资产负债表**就是在显示这三个要素之间的关系：企业所拥有的财产（资产）、企业所欠的钱（负债），以及企业所拥有的财产减去企业所欠的钱，剩下的才是真正属于股东所拥有的部分，也就是股东权益。"

财务小知识

什么是资产负债表

一般而言，资产负债表就是介绍资金的来源有哪些，以及资金的用途有哪些，又叫作财务状况表。

依照财务报表五大要素图，也可以编列资产负债表，它包括三大元素。

资产：财产中用来赚取收入的投资，也就是资金用途。

负债：向外面取得借款用以投资资产的部分，这是资金来源的一部分，也叫作外部资金来源。

资本：在公司里称为"股东权益"，即股东出资赚钱后保留在公司的部分，是资金来源的另一部分，也就是内部资金来源，又称为自有资金。

王叔叔告诉安迪，通常股东权益增加越多，表示属于股东的部分也增加越多，一般而言，这部分指的就是盈余对股东的回馈。但如果想要知道股东权益是如何增加的，就必须要看损益表。

损益表上显示的收入减去成本及费用，也就是企业盈余，可用来解释股东财富增加的主要原因。所以，损益表是在协助了解这方面的信息，即钱是怎么赚来的。

以安迪的公司为例，资金来源包括负债加资本，"负债"是向妈妈借的 20 000 元，"资本"则是安迪原来投资的 10 000 元，加上赚来的盈余 36 140 元，合计为 46 140 元，因此资金的来源合计为 66 140 元。

而资金的用途包括现金 42 140 元、生产性资产 24 000 元，总计 66 140 元。所以资金的来源等于资金的用途，也就是资产等于负债加资本（见表 2-1）。

表 2-1　资产负债表

×××× 年 10 月 31 日

资产		负债	
现金	42 140		20 000
生产性资产	24 000	**资本（股东权益）**	
		安迪投资（股本）	10 000
		盈余	36 140
			46 140
资产合计	66 140	负债及资本合计	66 140

解开会计藏宝图的密码

安迪听完王叔叔的解释，点点头说："关于资产负债表及损益表，我已经了解了，可是它对我有什么用呢？"

王叔叔表扬安迪问了一个好问题。他用手机上网，找了两家知名食品公司的财务报表给安迪进行实际说明（见表 2-2）。

表 2-2　统一、味全 2016 年财务报表

（单位：百万元）

统一		味全	
资产	378 585	资产	33 868
负债	225 885	负债	26 779
股东权益	152 700	股东权益	7 089
收入	413 364	收入	17 075
盈余	14 527	盈余	-777

数据源：公开信息观测站

王叔叔问安迪觉得哪一家公司的股东权益比较好？

安迪说："当然是统一啊！他的股东权益为 152 700，味全却只

有 7 089。"

王叔叔说："不能这样看，因为两家公司的规模不同，比较时要站在同一个基础点才能互相比较。所以用股东权益除以资产，利用百分比来看比较客观。以统一来说，股东权益为 152 700，除以资产 378 585，得到的股东权益占资产比率为 40.3%。味全公司的股东权益为 7 089，除以资产 33 868，得到的股东权益占资产比率为 20.9%。也就是说，如果全部资产是 100 元，统一公司扣掉负债后的股东权益有 40.3 元，而味全公司扣掉负债后的股东权益只有 20.9 元，当然是统一公司的股东权益比较好。"

"嗯，这样我懂了。"安迪不敢相信，自己原本对会计一窍不通，现在却在学习比较两家公司的财务状况。

王叔叔接着说："我们还可用另一种分析方式来了解企业的报酬情况。你觉得哪一家公司的报酬比较高？"

安迪说："统一的盈余是 14 527，味全不但没有盈余，还亏损了 777，所以当然是统一的报酬比较高啰。"

王叔叔摇摇头，说："唉，还是同样的问题。对统一和味全来说，因为味全是亏损、统一有盈余，所以统一当然比味全好，但如果是在都有盈余的状况下，规模不一样，相互比较时就要特别小心，应该还是要有投入与产出的理念。例如，某家公司投入资产 1 000 元，报酬 10 元，而另一家公司投入资产 100 元，报酬 5 元，你认为哪一家公司的报酬比较好？"

安迪想了想，有点迟疑地说："看起来好像是后面这家公司的报酬比较好。"

"为什么？"王叔叔问。

"后面那家的报酬率有 5%，前面那家的报酬率只有 1%。不知道我这样讲对不对？"安迪回答。

"理念是对了，但你不能因为我在甲银行的利息有 2 万元，在乙银行的利息只有 1 万元，就说甲银行的利率比较好，对不对？还要看他的存款金额才能知道哪家银行的利率较高。假如某人在甲银行有 100 万元的存款，利息是 2 万元，所以利率是 2%；在乙银行的存款金额为 40 万元，利息是 1 万元，所以利率是 2.5%，因而可以清楚判断乙银行的利率（存款报酬率）比较高。"王叔叔说。接着他又问安迪："那现在，味全与统一哪一家公司的报酬率比较高，你会算吗？"

安迪说："这个我会算。统一的盈余是 14 527，资产是 378 585，报酬率就是 14 527 ÷ 378 585，等于 3.8%；味全的盈余为 −777，资产是 33 868，报酬率就是 −777 ÷ 33 868，等于 −2.3%。这样分析的话，统一的报酬率比味全的报酬率可是高出很多呢。"

王叔叔点了点头，似乎很满意安迪的答复，便问安迪认为自己的养生便当报酬率如何。

安迪说："这个我会算！我的盈余是 36 140 元，资产是 66 140 元，报酬率就是 36 140 ÷ 66 140，等于 54.64%。这样看来，我的报酬率比这两家公司高多了。"

王叔叔说："嗯，没错，不止这样，你是一个月就赚了 54.64%，他们则是一年才赚 3.8% 及 −2.3%，所以你的报酬率比他们高很多。"

听到这句话，安迪感到满心欢喜，不由得露出一丝得意的微笑。

财务小知识

认识三个重要的财务比率

一般来说，为了使不同公司间的财务报表可以相互比较，将两个数字相除的方式就叫作"财务比率分析"，这是一种常用来揭露财务报表信息的方法。以下是三种重要的分析方式。

资产报酬率

财务报表五大要素图中显示，资产的使用或消耗（投入）可以赚取盈余（产出），这个赚取的盈余（产出）与资产（投入）的关系就是投资报酬率。每投入 1 元的资产可以创造多少盈余，称为"资产报酬率"。以统一公司来说，资产报酬率就是 3.8%，也就是每投入 100 元的资产可获得 3.8 元的盈余。那么味全公司呢？每投入 100 元的资产反而亏了 2.3 元。

公式：资产报酬率 = 盈余 ÷ 资产

股东权益报酬率

就股东而言，他通过对公司的投入获得股东权益，所以他比较关心 1 元的股东权益投入可以赚多少盈余。这种投入 1 元的股东权益能赚多少盈余的比率，就叫作"股东权益报酬率"。以统一公司来说，盈余是 14 527，股东权益是 152 700，股东权益报酬率为 9.5%，也就是投入 100 元的股东权益可赚 9.5 元的盈余。而就味全公司而言，亏损为 777，股东权益为 7 089，股东权益报酬率

为 −11%，也就是投入 100 元的股东权益亏了 11 元。

公式：股东权益报酬率 = 盈余 ÷ 股东权益

自有资本率

所谓自有资本率，指的是股东权益（自有资本）占资产的比率。企业的自有资本率越高，一般就越不容易倒闭。

公式：自有资本率 = 股东权益 ÷ 资产

股东权益会影响盈余吗

听了王叔叔解说了这么多关于会计的知识，安迪觉得自己似乎也跟着功力大增。正思索着王叔叔刚才的说明，他突然又发现了一

个问题。"等一下，王叔叔，我有个疑问。计算资产报酬率可以知道
利润好不好，那为什么要计算股东权益占资产比率呢？这和盈余没
什么关系，对吧?"

"我正打算跟你解释这个概念呢。"王叔叔说，"股东权益越大，
公司的经营就越稳健。假设甲公司与乙公司同时拥有 100 万元资产，
甲公司负债 70 万元，股东权益 30 万元；乙公司负债 85 万元，股东
权益 15 万元。"他一边说，一边画图给安迪看（见图 2-1）。

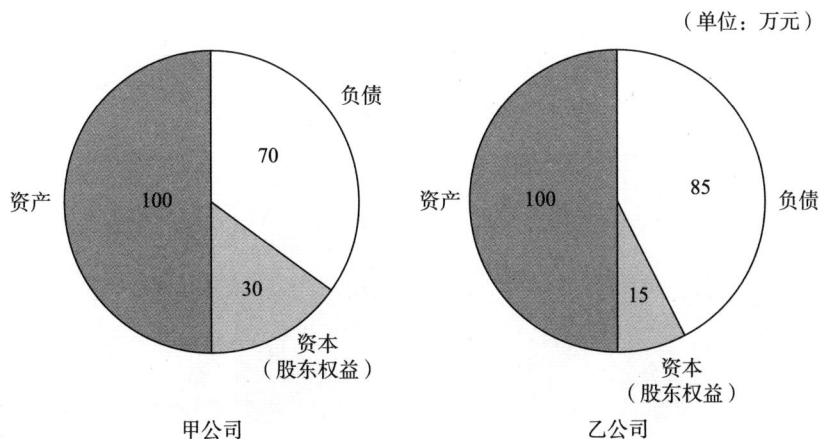

图 2-1

王叔叔继续说明："某一年度经济不景气，两家公司同时产生 20

万元的亏损。结果甲公司的资产变成 80 万元，负债仍是 70 万元，
股东权益由原来的 30 万元减去亏损 20 万元，剩下 10 万元；乙公司
的资产也变成 80 万元，负债仍是 85 万元，股东权益由原来的 15 万
元变成 −5 万元，由于负债大于资产，于是乙公司宣告破产。

　　"在不景气时，两家公司都赔了 20 万元，资产都从 100 万元缩
水至 80 万元，但甲公司的资产还有 80 万元，大于负债 70 万元，资
本则只剩 10 万元。乙公司的资产也还有 80 万元，却不足以偿还负
债的 85 万元，资本变成 −5 万元，必须宣告破产（见图 2−2）。

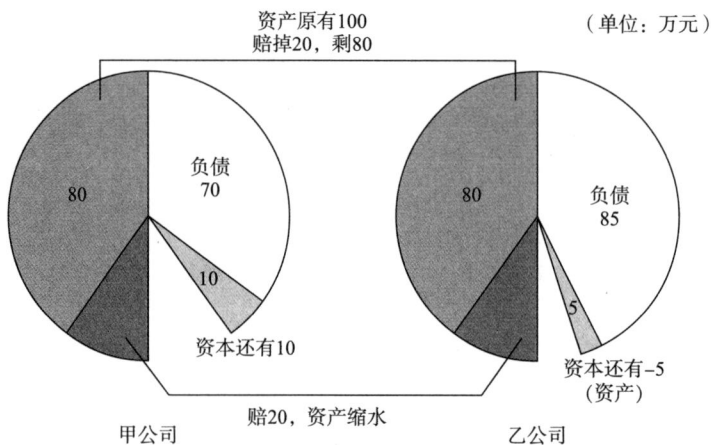

图 2−2

"从这个例子可以知道，股东权益越多，能够承受的损失就越大，才能应对经济不景气的冲击。而正是因为这个原因，我们说公司的股东权益越大，公司倒闭的风险越低。"

"我懂了！王叔叔，你的意思是，如果一家公司的负债比率增加，或是自有资本的比例减少，严重时，公司就无法经营下去，要倒闭了。"安迪说。

经过王叔叔专业地解说，安迪恍然大悟，觉得真是不虚此行！他没想到，原来财务报表可以提供这么多信息，真是个利器啊，这让他对企业经营又有了更进一步的认识。

资产如何创造盈余

王叔叔看着安迪，心中不禁有些许感慨，这个他从小看到大的愣小子，如今也自己出来闯荡了，一股惜才之心油然而生。对于这个同乡老友的后辈，理当提携一把，将自己所知倾囊相授，才不辜负和安迪爸爸数十年的交情。

他接着问安迪："如果企业持续赚钱或赔钱会怎样呢？你知道吗？"然后他在白纸上写下：

收入增加→盈余增加→股东权益增加→资产增加→

收入增加→盈余增加→股东权益增加→资产增加

安迪说："哇！看起来有点深奥，这是什么呢？"

王叔叔笑而不答，继续画出财务报表五大要素基本图（见图2-3），但这次加了一个"盈余"，还说："加上'盈余'会比较容易懂。"

王叔叔接着举例说明。

假如有一家A公司，一开始假设为第0年，资产是100元，负债60元，资本（股东权益）40元（见图2-4）。

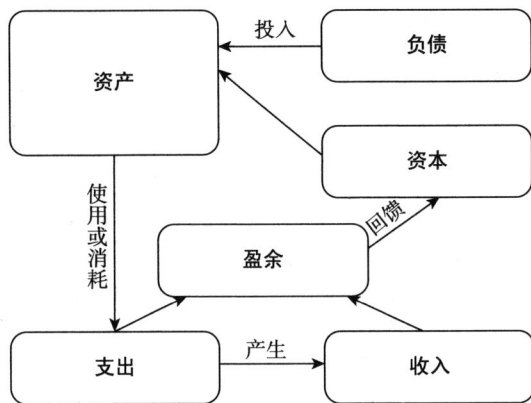

图 2-3

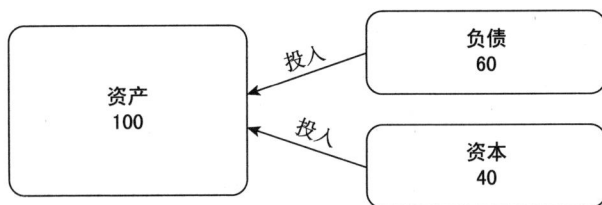

图 2-4

第一年，A 公司用这些资产去做生意，支出消耗了 60 元，创造了 100 元的收入，也就是产生 40 元的盈余。这 40 元的盈余就回馈给股东权益，使股东权益由 40 元增加到 80 元。资产也增加了 40 元，也就是由 100 元增加到 140 元。而这就是"**收入增加→盈余增**

加→股东权益增加→资产增加"的过程。

为了更详细地说明，王叔叔迅速画出下图（见图2-5）。

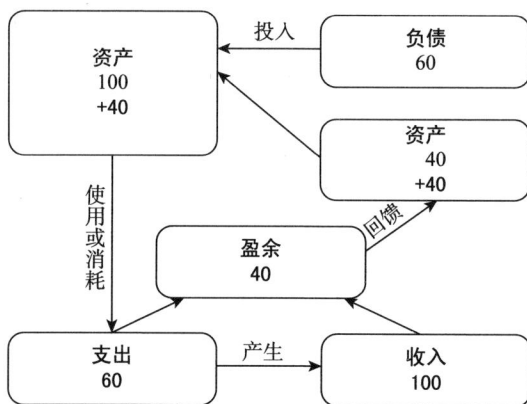

图 2-5

他对安迪说："假如A公司再利用这140元的资产继续做生意，你说生意会越做越大还是越做越小呢？"

安迪不假思索地说："当然是越做越大啦，因为资产越多，就有能力做更多生意、赚更多钱啊。"

王叔叔说："嗯，没错！"他解释道，"A公司第二年利用这140元的资产去做生意，支出消耗了80元，结果创造了150元的生意，也就是产生 70 元的盈余，比第一年的 40 元盈余还增加更多。而第二年的 70 元盈余就回馈给股东权益，使股东权益从 80 元增加到 150 元，资产也跟着增加 70 元，即从 140 元增加到 210 元（见图 2-6）。"

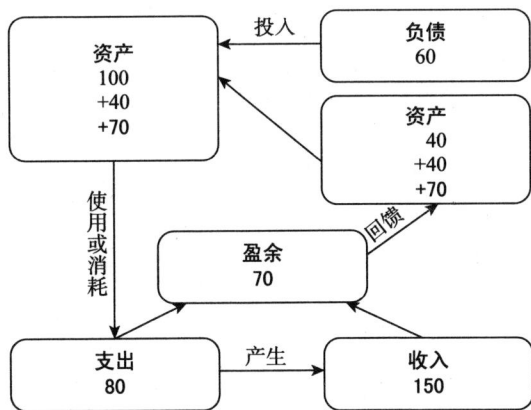

图 2-6

最后王叔叔得出结论："这就是我说的**资产增加又使收入增加更多→盈余增加更多→股东权益也增加更多→最后资产又增加更多**。"

安迪想了想，随口接话说："然后再用更多的资产去创造更多的盈余，对不对？"

王叔叔回答："没错，这就是良性循环。企业因为盈余增加，就会有更多股东权益及资产，然后又继续创造了更多盈余，企业也因此循环不息而茁壮成长。"

他接着说："但企业如果赔钱呢？相较于刚才说的，那么情况则会变成：收入减少→产生损失→股东权益减少→资产减少→收入减少→产生损失→股东权益减少→资产减少→收入减少→产生损失→股东权益赔光→破产。"

王叔叔画了一个图，继续以另一个例子解释说明。他说："如果同样有一家 B 公司，资产也是 100 元，负债 60 元，股东权益 40 元，与 A 公司完全一样（见图 2-7）。"

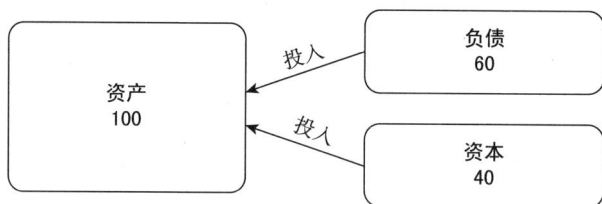

图 2-7

第一年 B 公司也用这些资产去做生意，同样创造了 100 元的收入。但比起 A 公司，却需要更多支出，总共消耗了 120 元，使 B 公司在第一年产生 20 元的损失，所以 B 公司的第一年是赔钱的。而这第一年的 20 元损失，侵蚀了股东权益，从 40 元减少为 20 元；资产也减少了 20 元，从原来的 100 元减少为 80 元（见图 2-8）。

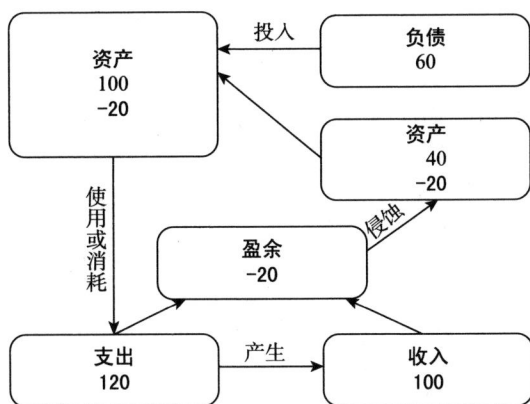

图 2-8

王叔叔问："如果资产缩水了，第二年的收入会增加还是减少呢？"

安迪回答："我想衰退的机会比较大，因为资产少了，要做大生意比较不容易。"

王叔叔点点头，说："完全正确。B 公司第二年用剩下的资产 80

元去做生意，但是能够创造的收入减少为 70 元，而且第二年用了更多的支出，总共消耗了 100 元，使 B 公司在第二年又产生 30 元的损失。而这 30 元的损失又侵蚀了股东权益，让股东权益由 20 元变成 −10 元。同时资产也减少了 30 元，由 80 元减少到 50 元。"（见图 2−9）

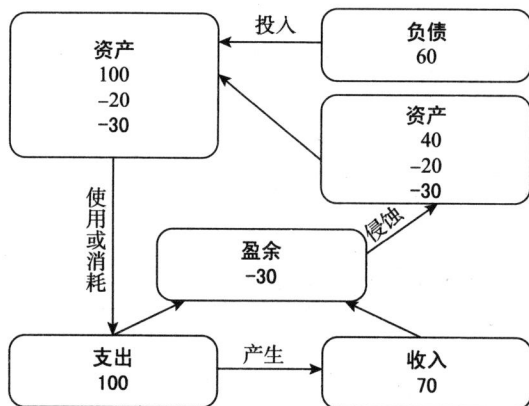

图 2−9

王叔叔问："安迪，你知道股东权益是负数就表示资产小于负债吗？"

安迪说："嗯，我了解，资产因为赔钱而缩水，当然就会小于负债啰。"

王叔叔接着说："依照公司法的规定，当资产小于负债时就得宣告破产！"

安迪愣了一下，惊讶地问："什么？破产？所以如果生意做不下去，干脆早早把店收了，免得继续亏下去，万一弄到破产，银行就会来查封家里的房子了！"

王叔叔看出了安迪的担忧，趁机教育了他一番。他告诉安迪，公司的整个经营历程都可以用**成长率**来计算。成长率通常是指本年度与前一年度某项目金额变动状况的百分比，例如收入与去年金额变动状况的比值就叫作收入成长率。当成长率为正，表示公司成长茁壮；如果是负的，则表示公司的经营可能有些状况。

"其实财务报表可以告诉我们的东西不止这些，不过今天就谈到这里，以后再慢慢告诉你。"他说。

买店面的抉择

天色已晚，城市街头华灯初上。安迪向王叔叔告辞后，搭上公交车回家，回想今天在王叔叔家的收获，心中感觉踏实不少。

上车坐定后，他看到右前方有个熟悉的身影，再仔细一瞧，原来是朋友小林。安迪立刻过去打了声招呼，并在小林身旁坐了下来。看到他一脸忧虑的样子，安迪关心地问："最近还好吗？"

小林叹口气说："唉，运气很背！前阵子做了点生意，一直都没赚钱，于是我老爸就叫我回老家帮忙。我想他老人家的年纪大了，回家乡帮忙打拼也是应该的，但问题就出在当初他帮我在郊区买的房子上。房子是位于一楼的店面，不知道该怎么处理才好，真是有点伤脑筋啊。其实那个地段很不错，就在郊区火车站对面，是人来人往的地段，只不过不景气，我的生意越做越差……"

安迪问："你做的是什么样的生意？"

小林告诉安迪，他在卖五金零件，主要客户是当地的外企工厂。但最近外企工厂一直在裁员，以至于他的生意跟着一落千丈，入不敷出。

安迪很好奇附近店面都在做哪些生意。

小林说："隔壁都是卖小吃的，火车站前人来人往，生意可好得很。要不是我爸要我回老家去，我还真想改行卖吃的呢！"

安迪想想也是，小林的五金店面其实不需要在火车站前的黄金地段，那种地段最适合需要人潮的小吃了。

他突然灵机一动，觉得机不可失，脱口对小林说："我现在已经不当上班族了，改行卖养生便当，做得还不错。你要不要考虑把你那间小店面让给我呢？看看是要租给我还是卖给我？"

小林思考了一下，决定把小店面卖给安迪。他说："既然我老爸要我回老家，我也就不想再多留恋些什么了，留着店面也没用。"

安迪心想，一家店面也值不少钱呢。于是他又试探性地问："我才刚开始做生意，手头的积蓄相当有限，不知道能不能先用租的？"

小林说："这样好了，买卖店面这件事不是三言两语就可以马上敲定的，我先打电话问我爸的意思，明天再回复你，如何？"

安迪思忖一下，又问："如果你要卖掉那间店面，大概要多少钱才愿意卖呢？讲个价钱让我心里有个底。"

小林回答："当初是用90万元买的，既然我们是旧识，不会多赚你的钱啦！我先跟爸爸商量，结果如何，明天再打电话给你。"

两人下了公交车后，一同到附近的小吃店小酌两杯，聊了聊各自的际遇，这才互道再见。

第二天，安迪收工后接到小林的来电。小林表示，如果是租，一个月的租金算6 000元；但如果安迪要买，就以100万元的价格便宜卖给他。

安迪说："我现在手头上的现金有限，没办法立刻决定。这样好了，你给我一个星期的时间考虑，我再答复你。"

安迪挂断电话后，马上和妈妈商量这件事。

妈妈知道，火车站对面算是当地的黄金地段，她认为在那里买个不动产投资或做生意也不错。她想，安迪老大不小了，也应该成家立业了，只是一跟他提结婚的事，安迪总是推托说创业比较重要，婚事不急。正好碰上这个买店面的时机，妈妈干脆顺水推舟，她对安迪说："安迪啊，如果你能在 3 年内结婚，我就拿出一笔钱来让你成家用，你如果想买那间店面的话……30 万应该够你付首付款吧？"

安迪想了想，自己与卡萝从大学毕业后就相恋，也是该结婚的时候了。倘若娶了卡萝，多个人手帮忙，这样也不失为两全其美的方法。况且卡萝也有一些私房钱不知道该如何投资，或许可以利用这个机会一起共创事业，那么美好远景也就指日可待了。至于火车站附近的店面，买下后就先由自己和卡萝来管理，等到生意稳定了，还可以交给妈妈经营……这样的打算应该也算是面面俱到了。

隔天，安迪一收工便兴致勃勃地坐车去王叔叔家，迫不及待想要听听王叔叔的想法。

本章摘要

○ 资产负债表用以显示企业的资金来源（例如股东投资或负债）

  及用途（例如现金支出状况或购买生产性资产的情况），它可以帮助我们看出企业的真实财力，将资产（企业拥有的财产）减去负债（企业所欠的钱），剩下的才是真正属于股东的部分，也就是"资本"，而这正是企业真实财力之所在。

○ 当企业经营的盈余越多，资本通常增加得越多，属于股东的部分也就越多，等于是对股东的回馈，因此资本又称为"股东权益"。企业赚钱会创造盈余，盈余使股东权益增加，资产增加就让企业有更多资源继续做生意，进而提升增加收入和创造盈余的能力。而企业一旦赔钱就会产生损失，使得股东权益减少，资产跟着减少，能够用来做生意的资源就变少，导致增加收入和创造盈余的能力跟着降低。因此，股东权益越大，所能承受的损失也就越大，公司倒闭的风险则越低。

○ 要审查一家企业的财务状况，除了"资产负债表"和"损益表"，还可通过"财务比率分析"看出财务报表数字所隐含的意义，常见的财务比率有"资产报酬率""股东权益报酬率"和"自有资本率"。

练习试题

问题 1

资产是 100 元，负债是 40 元，请问股东权益是多少？

问题 2

收入是 200 元，成本是 100 元，费用为 50 元，请问毛利及盈余各是多少？

Note

第 3 章

开店前，必须先知道的七件事

安迪向王叔叔说明事情的原委后，王叔叔的看法也与安迪的一致，认为如果要扩大营业，是该找个好地方，而火车站周边的确是个不错的选择，良机不可失。

想开店，不可不知的七件事

王叔叔提醒安迪，如果想开实体店面，就要考虑店面究竟是租的还是买的，当然，如果是在大都市地区，除非拥有足够本金，否则只能考虑以租代买。

除此之外，店面装修也得投入不少钱，因此在租金签约或装修之前，要考虑是否真有把握能让生意做起来。如果没有精算过，切勿太乐观，以为一定会赚钱，很多人做生意都是因为没有经过盘算，一股脑儿就投进去，最后赔了夫人又折兵。

王叔叔告诉安迪，决定好店面的位置，又精算过并确定有把握不赔本后，思考的重点就是经营的细节了，例如采购多少比较划算，是否要囤库存，要有几天的库存比较好。毕竟客人来光顾却没有库存可卖，不但会失去客户，也减少了做生意的机会；然而，囤了太多库存不但积压资金，也会因为过期、腐坏而产生损失。采购与库存决策应该是做生意必须考虑的因素。

思考库存问题之前，也要掂掂自己的口袋，看看现金是否足够。现金不够会造成周转不灵，但如果现金来源是向亲友借的，也是要付出利息的。究竟需要多少现金，其实是做生意必须要注意的地方。然而当生意越做越大，就不能一直向亲友借钱了，这时就必须要考虑向银行借钱了。没钱万万不行，生意也做不大，这时候就必须知道如何和银行打交道，不能在双方都不熟悉的状况下，贸然向银行提出贷款的申请。

王叔叔指出，其实也不一定非得向银行借钱，可以直接用赊购的方式进货。只不过人家凭什么愿意让你先欠款以后再还呢？或许向银行或亲友借钱、以现金交易会比较划算也说不定。然而最终问题还是在于库存。

王叔叔提醒安迪，库存与进货的拿捏非常复杂，如果生意变好，应该备有多少库存？如果订货期变长了，又该储备多少库存？虽然决定库存量是一件伤脑筋的事，但如果忽略不理，铁定会捅大娄子。

王叔叔看安迪似懂非懂，决定针对开店最重要的七件事详加说明一番。

第一件事：店面是租还是买

王叔叔向安迪解释："做生意有店面是首要之事，但到底是用买的还是租的，则又是另一个值得思考的问题。"他说，这就是详细计算成本负担能力的问题了。如果是用租的，每个月的租金为 6 000 元，一年就要 72 000 元，以本金 100 万元计算，换算成年息就是 7.2%，与银行借款利率 2% ~ 3% 比较，是高了一点，但若用买的，问题就在于首付款了。

安迪一听到首付款，毫不犹豫就抢着回答："这不成问题，我妈答应我，如果我在 3 年内结婚，就要送我一个 30 万元现金的结婚大礼，让我可以付首付款。加上我女朋友卡萝手上也有一些私房钱不知道如何投资，正好可以找她商量，一起共创事业。"

王叔叔说："好，如果首付款及周转金都有着落了，剩下的跟银行借款就行了。既然如此，如果你决定要买下车站附近的店面，应该没有太大问题。"

他接着提醒安迪："不过你要了解，生意做不好，用租的顶多是收手不做就算了，但如果是借款买店面，万一生意做不起来，可能连首付款及周转金都要赔给银行了。因此，想要做生意，经营计划是一个关键。现在既然决定要买店面，经营方式和摊贩做生意的手法就完全不同了。我建议你还要再多卖些其他东西，考虑一下多元化经营。"

"关于这个，我也想过了，也许可以加卖一些饮料。"安迪胸有成竹地说。

王叔叔笑笑说："很好，难得你有这样的想法，看来你已经有企业经营的概念了。"

第二件事：要做多少生意才不会赔钱

王叔叔拿了纸笔和计算器，放在安迪面前，要他算一算一天要做多少生意才不会赔钱。

安迪一脸苦恼："这个嘛，我还没有仔细算过，想请王叔叔帮我看看，到底我要做多少生意才不会赔呢？"

"好吧，我们一起来算算看。"王叔叔拿起笔，说："首先，你请卡萝帮忙，总不能不付薪水给她吧，她还是得拿钱回家啊，你看应该算多少薪水给她呢？"

安迪说："那就给她 16 000 元好了，虽然少了点，但其实只有在忙的时候来帮忙，大概工作半天就好，其他少给的部分就等结婚后再来算。自己人就不要太计较，我想她应该可以接受，毕竟创业维艰。"

"好，现在有股东了，账目要很清楚，所以你自己的薪水也应该算进去才说得过去。"

"嗯，那我的薪水就算一个月 30 000 元好了。"

"向银行借款 70 万元，假设利率为 5%，一年要付 35 000 元的利息，一个月要付 2 916 元，将近 3 000 元的利息。另外，还有水电费，你预计一个月的水电费是多少?"

"我估计一个月大概是 4 000 元吧。"

"做生意要有生产性资产，这部分要多少钱?"

安迪很有信心地回答:"这个我已经估算过了，大概需要 60 000 元。"

王叔叔接着问:"除了养生便当之外，你不是还考虑要卖饮料吗?"

安迪说:"对啊，我想来想去，觉得卖饮料是最合适的。"

"那你一个月的固定支出有多少?"王叔叔问。

在王叔叔的引导下，安迪这次对于支出与收入有更清楚的概念了，他条理分明地逐步算给王叔叔看。

他说在支出部分，自己一个月的薪水是 30 000 元，卡萝的薪水是 16 000 元，利息一个月是 3 000 元，水电一个月是 4 000 元，加一加总共是 53 000 元。

而在收入方面，一个便当卖 100 元，一罐饮料卖 30 元，所以卖一份的总售价是 130 元;便当成本一个 50 元，饮料成本一罐 20 元，卖一份的总成本为 70 元，所以卖一份预计可以赚 60 元。

用固定成本 53 000 元除以 60 元，得到 883 份，再除以每个月 25 天的营业日，得到 35.3 份（约为 36 份），这就是在维持基本开销又不赔钱的前提下每天至少要卖出的便当份数。

王叔叔点点头说："还记得吗，这就是我之前教过你的'损益两平销售量'概念。"

安迪似乎感到有点疑惑，因为计算的结果和他原本的规模差不了多少，他觉得似乎应该再增加一些商品才比较有赚头。

王叔叔提醒他，产品越多就越容易有库存的问题。

第三件事：如何拿捏销售量与备货量

安迪仿佛第一次听到"库存"这个名词，好奇地问："什么是库存？"

王叔叔说："库存就是存货，也就是先买进备货，以供销售。如果没有库存，顾客上门时就没有东西可卖；相反地，如果库存太多，没人买的时候就会有资金积压的问题，甚至倒闭。"

"对了，我朋友小林就是因为五金零件的存货太多，资金积压过多，才要把店面卖给我的。看来库存还真是企业经营中一个很重要的课题。"安迪恍然大悟。

"库存涉及销售计划准不准！"王叔叔继续说明，"还记得你开始做生意时，不就是一天准备了100份便当吗？结果只卖了50份，就产生了亏损，后来每天卖36份开始有盈余。你做生意时是不是常碰到不够卖的情况？"

安迪说："是啊，我经常会遇到这种情形，但是既然已经计算过了，就不想多卖，避免亏损的事情一再发生。"

"其实，如果你多卖一些便当，搞不好会赚更多，不过这就有赖于你对情势的判断了。"

"那我应该如何判断情势呢？"安迪不解地问。

王叔叔说："一开始先试试每天卖40份，如果当天卖不够，第二天再增加5份。反过来，如果当天卖不完，第二天就减少5份。一个月后，你就知道你的客人大概是在星期几来得比较多、星期几来得比较少了，然后就能做计划。"

安迪听了之后，才明白平时收集资料的重要性，而王叔叔的这番话，成为他日后成功的重要基础。

当天晚上，安迪打电话给小林，决定用 100 万元来买他的店面。当然，在此之前，安迪也已经取得卡萝的同意，两人要一同创业，并相约 3 年内完成终身大事。

同时，安迪经由王叔叔的介绍，用 5% 的年利率向银行贷款 70 万元，并完成店面过户等相关事宜。

接着，他又花了大约一个月的时间进行店面粉刷，并买进生产性资产，准备要在来年元旦隆重开张。

一切过程看起来很顺利，但现在安迪遇到一个问题。过去他卖便当，都是先决定隔天要卖几份便当，然后一大早再去菜市场采买食材。现在因为增加了饮料这个品项，他得预先向批发商买进饮料。问题是，他不知道该进多少货比较好。供货商提供的条件是，如果用现金购买可以打九折；如果赊账，可提供两个月后付款的优惠，但价格不打折。

这下子，安迪遇到难题了，他拿不定主意到底是用现金采购较好，还是采用赊账方式较佳？于是他拨打了电话给王叔叔，想知道怎样做比较合适。

第四件事：现金准备够多吗

听了安迪的简单说明后，王叔叔的答复是："这就要看你手头上的现金够不够了。如果不够，当然要用赊账的方式。但是如果你手头上有现金，或者可以借到资金，那就要算算哪种方式比较划算。通常你都是向谁筹借资金呢？"

安迪说："我都是向卡萝的哥哥借的。"

"那你要不要付利息给卡萝的哥哥呢？"王叔叔问。

"当然要啊！亲兄弟都得要明算账了，更何况是我未来的大舅子呢。他算我一个月 1% 的利率。"安迪斩钉截铁地回答。

"一个月一分的利息，表示一年 12% 的利率，因为每个月 1%，一年 12 个月要乘以 12 倍，所以一年的利率就是 12%。"

"哦，是这样算的啊！这样很贵耶！我还是不要跟他借好了，我的购房贷款利率一年也没那么高。"

"安迪，别急，你先别下结论。首先，你向银行借钱是因为有抵押品，也就是房屋，所以利率比较低。等到你的生意做大了，有跟银行的交易记录后，就可以跟银行借钱了。"

第五件事：和银行建立关系了吗

"有跟银行的往来记录，这是什么意思呢?"安迪问。

王叔叔说："除非有抵押品，否则银行一般很少会放款给未曾有过往来记录的人，因为银行并不了解借款人的实际状况，既然不认识你，当然就不会借钱给你，风险太大了。这就好像男女朋友才交往两天，男生就向女生求婚，除非中间有媒人作保证，否则这个婚姻的风险未免太大了。所以，要跟银行借钱就必须有跟银行往来的记录，让银行认识你并了解你的状况，你才有可能借到钱。"

"怎样叫作'跟银行有往来记录的关系'呢?"安迪继续问。

"一般来说，就是你每天销售收入的钱都存到银行账户里，所有购货或付款等支出都由银行的账户支出。久而久之，银行就知道你账户的进出情况，也就等于你在银行有了'实绩'。经过一段时间，等银行认识你了，了解到你是诚实的商人，这时你要向银行开口借钱也就容易多了。"王叔叔说。

"原来如此，看来要在银行有'实绩'，还不是一两天就办得到的呢。"安迪说。

王叔叔提醒安迪，一般向银行借款的利率会比向私人借款的利率低，所以如果想要和银行往来，"实绩"是一定要的。

第六件事：现金支付或赊账，哪个比较划算

经过一番解说，王叔叔决定考考安迪，他说："安迪，让你动动脑，如果两个月可以省现金折扣10%，换算成年利率是多少呢？"

安迪思索了一下，说："一年有12个月，每两个月可以省下10%，而一年共有6个两个月，所以年利率就是6乘以10%，也就是60%。"（详细计算请参考"财务小知识"的说明）

王叔叔说："那就对了！安迪，如果你采用现金付款，每年可赚

的利息有 60%。而你付给卡萝他哥哥的利息只有 12%，请问你要不要借钱来享受现金折扣呢?"

安迪认同地用力点点头。"如果是这样的话，那当然要借钱啊!"

🐷 财务小知识

现金折扣利率怎么算

首先了解年利率的计算公式:

现金折扣年利率 = (现金折扣 ÷ 现金支出金额) × (360 天 ÷ 信用期间)

以安迪的例子来计算，如果采用赊账方式，即两个月后才付款，信用期就是 60 天，现金折扣率为 10%（打九折），支付金额是 90 元，所以现金折扣年利率就是:（ 10 ÷ 90 ）×（ 360 ÷ 60 ）=67%。

如果借款利率为 12%，两个月的利息就是 90 × 12% ×（ 60 ÷ 360 ）=1.8 元。所以，用 1.8 元的利息去享受 10 元的折扣，相当划得来。

经过王叔叔这位高人的指导及详细解说，安迪终于了解到什么是银行往来"实绩"与现金折扣了，当下就决定要用现金订货。

第七件事：多少库存最合适

安迪兴高采烈地拟定了 15 天的饮料库存量，估计要花 10 800 元（每天 40 罐，15 天总共需要 600 罐，每罐金额为 20 元，打九折后总计是 10 800 元）。但他对于数量的掌握有些疑虑，于是又问："订 15 天饮料，这样是太多、太少还是刚刚好呢？如果订得太多等于是积压现金，还要承担卖不出去的风险。但是如果订得太少又可能不够卖，即使补订也可能来不及，丧失赚钱的机会。我到底该怎么估计适当的库存量呢？"

王叔叔表示，一般存货以使用量的天数来计算，称为库存天数。库存要估得准，必须对每天、每周或每月的实际销售状况有准确的掌握，这样才知道平均每天必须储备多少货。此外，还要考虑"订货时间"，也就是从订货到送货所需要的时间，来决定最适当的库存量。

通常大批订货会有折扣，但是要先算出现金折扣的利率，才能知道是否值得冒积压资金的风险，并要考虑库存保存期限的问题。

他接着举个例子说明："如果每天卖 40 罐，存货量是 600 罐，如此一来就代表有 15 天的存货，也就是 600 罐 ÷ 40 罐／天 =15 天，我现在就来帮你试算看看。"

在回答安迪的问题之前，王叔叔先列举了下面 6 种情况，要安迪试着解答与分析。

情况 1

每天卖 100 罐饮料，存货有 1 200 罐，库存天数是几天？

答：根据公式计算，库存天数 = 存货数量 ÷ 每日使用量，可得：1200 罐 ÷ 100 罐 =12 天。

情况 2

如果每天卖 100 罐饮料，从订货到送货需要 20 天，这 20 天的存货有几罐？

答：每天 100 罐，20 天的存货就是 2 000 罐（计算公式：预计存货量 = 每日使用量 × 库存天数）。

情况 3

每天卖 100 罐，如果目前存货只有 1 000 罐，但订货需时 20 天，请问会有几天缺货？应该要增加多少存货才不会发生没货卖的情形？

答：目前的存货只有 10 天（1 000 罐 ÷ 100 罐 / 天），而订货时间需要 20 天，所以有 10 天的时间没货可卖，也就是缺了 10 天的货，便少了 1 000 罐饮料的存货（100 罐 / 天 × 10 天），所以必须增加 1 000 罐才不会缺货。

情况 4

生意越做越好，每天由卖出 100 罐增加到 120 罐，如果必须有 10 天的存货，那么要增加多少罐的存货才够卖？

答：10 天存货数量由 1 000 罐增加到 1 200 罐，必须增加 200 罐的存货才够卖，这是销售量增加的结果。

情况 5

假设换了一个供货商，订货期为 14 天，而原有的供货商只要 10 天。若每天需要 100 罐饮料，更换供货商会增加多少罐饮料的存货？

答：原来供货商送货天数为 10 天，每天 100 罐，存货为 100 罐 / 天 ×10 天 =1 000 罐。新的供货商送货天数为 14 天，每天 100 罐，存货为 100 罐 / 天 ×14 天 =1 400 罐。

由于供货速度变慢，使得存货必须增加 400 罐才不至于缺货。所以，除非新供货商的价格很便宜，否则不宜随意更换供货商。

情况 6

假设生意不景气，每天由卖出 100 罐减少到 80 罐，如果必须有 10 天的存货，要减少多少罐的存货才不会库存过多？

答：每天存货减少到 80 罐，存货为 10 天，存货数量为 80 罐 / 天 ×10 天 =800 罐。

由 1 000 罐减少到 800 罐，存货的需求减少 200 罐，这是销售量减少的结果。

最后，王叔叔总结回答安迪的问题：一次进 15 天的存货，数量太多还是太少？我们可以这样分析。如果每次只进 2 天的存货，动不动就要再订货，收货次数频繁，耗时费事，还得经常在家里或店里等人送货；对供货商来说，送货次数太频繁会使得运送成本相对提高，而且同样耗时费事。另外，万一供货商来不及送货，商家就有可能没货可以卖给客户了。

但以安迪的情况来看，如果一次叫太多天的货，这些进货的资金，都要向卡萝的哥哥以月利率 1% 借付货款的钱，若是毫无预算，一次叫了 30 天的货，相对就要付出更多天的利息。更何况，货放久了卖不出去会过期，到时就要销毁。所以，太频繁进货不好，一次进太多货也不好，如何拿捏是做生意的必修学分。

所以，15 天的存货是否最适当，仍应视实际营业情况并参考销售、库存及采购状况而确定。

拟订销售计划

元旦，安迪店面开张的第一天，风和日丽。安迪依照当初的计划，准备了40份便当，结果不到12点就卖完了。他观察到，火车站人来人往，12点过后还有好多人来店里要买养生便当。安迪虽然觉得生意没做到很可惜，但是对于养生便当受欢迎的程度有了信心。他核算了一下，当天的便当收入就有4 000元（每个售价100元×40个便当），食材支出为2 000元（每份50元×40份）。

第二天，安迪增加了5份便当，也就是准备了45份便当，结果也是在12点以前就销售一空。第二天的便当净收入为2 250元（总收入 4 500 元 – 食材成本 2 250 元）。由于 12 点以后还有二十几个人陆续来买便当，这激起了安迪的挑战心，所以他决定隔天要再多准备 10 份便当，也就是 55 份便当。

安迪依照这样的销售计划，每天测试市场反应，以调整店内预计销售的便当数量。一月份的每日"预计销售便当数与实际销售便当数量明细表"（见表 3–1）便这样做出来了。

表 3–1　预计销售数与实际销售数明细表

日期	星期	预计销售便当数	实际销售便当数	备注	便当收入（元）	食材支出（元）
1/1	三	40	40	12 点前售完	4 000	2 000
1/2	四	45	45	12 点前售完	4 500	2 250
1/3	五	55	55	12 点前售完	5 500	2 750
1/4	六	65	65	12 点前售完	6 500	3 250
1/5	日	75	75	13 点前售完	7 500	3 750
1/6	一	公休日	–	–	–	–
1/7	二	85	85	12 点前售完	8 500	4 250
1/8	三	95	95	13 点前售完	9 500	4 750
1/9	四	100	98	–	9 800	5 000
1/10	五	100	97	–	9 700	5 000
1/11	六	100	100	12 点前售完	10 000	5 000

续表

日期	星期	预计销售便当数	实际销售便当数	备注	便当收入（元）	食材支出（元）
1/12	日	110	110	12 点前售完	11 000	5 500
1/13	一	公休日	-	-	-	-
1/14	二	100	98	-	9 800	5 000
1/15	三	100	96	-	9 600	5 000
1/16	四	100	92	-	9 200	5 000
1/17	五	95	95	13 点前售完	9 500	4 750
1/18	六	120	120	12 点前售完	12 000	6 000
1/19	日	150	142	-	14 200	7 500
1/20	一	公休日	-	-	-	-
1/21	二	100	92	-	9 200	5 000
1/22	三	100	95	-	9 500	5 000
1/23	四	100	98	-	9 800	5 000
1/24	五	100	97	-	9 700	5 000
1/25	六	150	145	-	14 500	7 500
1/26	日	150	150	13 点前售完	15 000	7 500
1/27	一	公休日	-	-	-	-
1/28	二	100	98	-	9 800	5 000
1/29	三	100	97	-	9 700	5 000
1/30	四	100	100	12 点前售完	10 000	5 000
1/31	五	105	102	-	10 200	5 250
当月合计	-	-	-	-	258 200	132 000

安迪也依照当初的计划，也就是每天销售 40 罐饮料，每次进货 15 天的量，所以在 1 月 1 日进了 600 罐饮料（40 罐 / 天 ×15 天）。结果第一天卖了 60 罐，库存剩下 540 罐（600 罐 −60 罐）；第二天卖了 62 罐，库存剩下 478 罐（540 罐 −62 罐）；到了 1 月 5 日，库存量剩下 158 罐。

安迪当初估计进货可卖 15 天，结果卖了 5 天就剩下不到 200 罐了，安迪觉得库存量至少要设定为 200 罐比较安全，低于这个数量就得再进货。可是到底要进多少货才合适呢？

安迪算了这 5 天的平均销售量，也就是（60+62+65+120+135）÷5，求得平均每天销售 88.4 罐，然后再进 15 天的量，因此进货量应为 88.4 罐 / 天 ×15 天 =1 326 罐，安迪直接进了 1 200 罐的货。

1 月 6 日，饮料公司送来 1 200 罐，原本剩下的 158 罐库存加上新进货的 1 200 罐，总共有 1 358 罐的库存。有关安迪一月份的饮料进销存明细表见表 3−2：

表 3-2　一月份饮料进销存明细表

日期	星期	饮料进货（罐）	饮料销售（罐）	饮料库存（罐）	周平均销售	饮料进货（元）	饮料收入（元）	饮料成本（元）	饮料库存（元）
1/1	三	600	60	540	–	10 800	1 800	1 080	9 720
1/2	四	–	62	478	–	–	1 860	1 116	8 604
1/3	五	–	65	413	–	–	1 950	1 170	7 434
1/4	六	–	120	293	–	–	3 600	2 160	5 274
1/5	日	–	135	158	88.4	–	4 050	2 430	2 844
1/6	一	1 200	0	1 358	–	21 600	0	0	24 444
1/7	二	–	100	1 258	–	–	3 000	1 800	22 644
1/8	三	–	110	1 148	–	–	3 300	1 980	20 664
1/9	四	–	115	1 033	–	–	3 450	2 070	18 594
1/10	五	–	108	925	–	–	3 240	1 944	16 650
1/11	六	–	150	775	–	–	4 500	2 700	13 950
1/12	日	–	165	610	–	–	4 950	2 970	10 980
1/13	一	–	0	610	–	–	0	0	10 980
1/14	二	–	108	502	–	–	3 240	1 944	9 036
1/15	三	–	115	387	–	–	3 450	2 070	6 966
1/16	四	–	106	281	–	–	3 180	1 908	5 058
1/17	五	–	120	161	108.8	–	3 600	2 160	2 898
1/18	六	1 600	165	1 596	–	28 800	4 950	2 970	28 728
1/19	日	–	172	1 424	–	–	5 160	3 096	25 632
1/20	一	–	0	1 424	–	–	0	0	25 632

续表

日期	星期	饮料进货（罐）	饮料销售（罐）	饮料库存（罐）	周平均销售	饮料进货（元）	饮料收入（元）	饮料成本（元）	饮料库存（元）
1/21	二	–	122	1 302	–	–	3 660	2 196	23 436
1/22	三	–	107	1 195	–	–	3 210	1 926	21 510
1/23	四	–	123	1 072	–	–	3 690	2 214	19 296
1/24	五	–	132	940	–	–	3 960	2 376	16 920
1/25	六	–	168	772	–	–	5 040	3 024	13 896
1/26	日	–	182	590	–	–	5 460	3 276	10 620
1/27	一	–	0	590	–	–	0	0	10 620
1/28	二	–	107	483	–	–	3 210	1 926	8 694
1/29	三	–	123	360	–	0	3 690	2 214	6 480
1/30	四	–	132	228	–	–	3 960	2 376	4 104
1/31	五	–	108	120	113.5	–	3 240	1 944	2 160
当月合计	–	3 400	3 280	–	–	61 200	98 400	59 040	–

很快，安迪的店开张满一个月了，他将这一个月很认真记录的两份营业日记交给卡萝统计，包括"预计销售便当数与实际销售便当数明细表"和"饮料进销存明细表"，并初步计算出营业毛利。卡萝的计算结果如下：

便当收入　　　　　258 200 元

饮料收入　　　　　　98 400 元

收入合计　　　　　356 600 元

便当成本支出　　　132 000 元

饮料成本支出　　　　61 200 元

支出合计　　　　　193 200 元

收入合计　　　　　356 600 元

成本支出合计　　　193 200 元

总毛利　　　　　　163 400 元

另外，算出其他相关费用支出如下：

薪水（30 000+16 000）合计　　46 000 元

水电费支出　　　　　　　　　　4 700 元

贷款利息支出　　　　　　　　　3 000 元

开张用品支出　　　　　　　　　　300 元

费用支出合计　　　　　　　　 54 000 元

卡萝算出结果后，依照王叔叔所教的损益表编制方式加以整理，最后结果如下：

收入合计　　　　　　　356 600 元

成本支出合计　　　　　193 200 元

总毛利　　　　　　　　163 400 元

费用合计　　　　　　　 54 000 元

盈余合计　　　　　　　109 400 元

看到一个月来的辛苦成果，安迪与卡萝都非常高兴，没想到小试牛刀就能有如此丰硕的成果。安迪立即打电话给王叔叔，向他报告这个月的营业成果，并表示要带卡萝一起亲自道谢，还要请王叔叔吃一顿日本料理。

应计基础下的现金收入与支出关系

小两口与王叔叔碰面后，立刻把这几天编制的损益表及营业日志交给王叔叔过目。两人喜不自胜地抢着向王叔叔报告，王叔叔静静地听着，看着这对兴奋的年轻人，不禁露出喜悦的表情。

王叔叔看了看他们所编的报表后说："你们的损益表算错了！"

安迪和卡萝大吃一惊，问："难道我们的损益表编错了吗？我们都是按照王叔叔教的方法来编的啊！"

"应该说，你们赚的不止这些哦。"王叔叔笑着说，"嗯，看来你们的成本支出这部分算错了。"

安迪与卡萝不约而同地说："真的吗？哪里错了？"

王叔叔问："你们有没有库存？"

卡萝说："当然有啊！您看进销存明细表，在 1 月 31 日有 120 罐饮料的库存，每罐 18 元的成本，总共 2 160 元的库存金额。"

"既然是库存，当然就是没有卖掉了，这样可以作为成本支出吗？还是应该算成库存资产？"王叔叔问。

安迪一脸困惑："我听不懂……"

王叔叔指出，安迪和卡萝的损益计算方式是用现金收支的概念来做的，也就是收到现金时计算为收入，支出现金时则计算为支出，两项金额相加减，得到的结果就是损益。

王叔叔说："但理论上只有很小规模的企业用现金收支来计算损益，一般会计上的表达是以所谓的**应计基础**来计算损益，也就是说，是以实质的交易内容来计算损益，而不是用现金收支来计算损益。这听起来好像有点困难，我来举个例子给你们听，你们就能了解了。"

王叔叔接着举例说："例如，还有 120 罐饮料尚未卖出，虽然这 120 罐饮料已经付钱了，但这仍属于五个会计元素的'资产'下面的项目，而不是'支出'的项目。现在，我要问问安迪，这 120 罐饮料以后还能卖吗?"

安迪说:"当然可以啊!"

王叔叔接着说:"如果你未来卖出这 120 罐饮料，可以产生多少收入呢?"

"一罐饮料可以卖 30 元，120 罐饮料可以产生 3 600 元的收入。"

"那你是不是赚了 3 600 元的盈余?"

"当然不是，王叔叔教过，收入减去成本及支出，剩下的才是盈余。"

"所以它的成本是多少?"

卡萝一听立刻回答:"很容易啊，120 罐乘以每罐成本 18 元，等于 2 160 元。"

王叔叔点点头，说:"所以 3 600 元的收入减去 2 160 元的成本，真正赚到的只有 1 440 元的盈余，要这样子算才对。这就是我之前讲过的收入与支出配合原则，资产变成支出，支出产生收入，收入减去支出产生盈余。"

王叔叔表示，当饮料还没卖掉之前，它是一项资产，代表这项收入的效益目前尚未产生，未来出售时才会带来收入的效益。所以饮料还没卖掉之前，就要把它视为一项资产。换句话说，按照这份损益表来看，这120罐饮料尚未产生收入，而安迪就把它列为成本支出，将来120罐饮料都卖掉的时候，不就没有成本了？也就是下个月会大赚，是因为只有3 600元的收入，而没有成本。

安迪与卡萝听到这里，嘴巴张得大大的，恍然大悟并异口同声地说："哦，原来是这样子。"

安迪说："我懂了，没卖出去的库存就是资产，卖出去的就是成本支出，对不对？所以这2 160元就不属于1月的支出了。"

"没错，这就是会计上的'应计基础'与一般'现金基础'的不同之处。"王叔叔说。

财务小知识

现金基础 VS 应计基础

所谓现金基础，就是指在收到现金时才计收入、支出现金时才计支出。以安迪的公司为例，可以发现现金基础无法表达企业的真正损益情形。

安迪 1 月的饮料成本增加 2 160 元，2 月将没有此笔支出，因此 2 月的盈余会多计 2 160 元，这样的计算方式将导致损益表上的数目不准确，无法表达真正的运营状况。

那么，如果采用应计基础，何时该确认收益，何时又该确认支出呢？

首先，应计基础认定收益不是用收现与否来认定，而是以收益实现原则作为收益是否入账的基础。当收入实现时，虽然还没有收到现金，也应该计入收入；反之，假如支出已经发生，尽管还未支付现金，仍然要计入支出。也就是说，如果收入发生时，相关的支出就必须加以计入，这就是会计上所谓的收入成本配比原则。

所以，应计基础就是在收入实现时计入收入，而不是在收入收到现金时才计入收入；支出发生时必须计入支出，而不是在支出付出现金时才计入支出。这种用应计基础所编制的损益表才能充分表达企业的营业成果，因此，用应计基础所计算的盈余会比较准确。

从损益表看三率

经过王叔叔的指正，卡萝当场修正损益表，她将调整结果拿给王叔叔看：

收入合计	356 600 元
成本支出合计	191 040 元
总毛利	165 560 元
费用合计	54 000 元
盈余合计	111 560 元

王叔叔满意地点点头，接着说："现在，你们可不可以告诉我，这样的损益表能提供什么样的信息分析呢？"

安迪及卡萝四目相对。安迪先开口说话："不就是告诉我们是赚钱或赔钱吗？还能告诉我们什么信息吗？"

王叔叔笑了笑，拿起筷子夹起一个花寿司就整个往嘴里塞，鼓着腮帮子用手比了一个"三"。

好不容易吞下之后，他才开口说："损益表有三大指标，就是'毛利率'、'费用率'和'净利率'。"

王叔叔卖完了关子，开始解释这三个比率的意义。

首先是**毛利率**。销售收入减去主要的成本支出后所赚的钱，就是"毛利"。但不同的产品或不同公司的毛利绝对值都不一样，如果要比较就得计算毛利率，而毛利率就是毛利除以收入的比率。以安迪的营业状况来说，毛利率是 165 560 元 ÷ 356 600 元（总毛利 ÷ 总收入）=46.43%。

毛利率代表企业所赚取的附加价值高低，也代表了产品本身对企业获利的贡献，同时亦为表明企业竞争力强弱的指标。一个企业的毛利率若高于同业，表示其竞争力比较强。通常，毛利率高的公司能为企业带来的盈余就越高。

其次是**费用率**，即费用除以收入的比率。通常费用控制比较好的公司，其管理能力较佳，因而能带来较高的盈余。

最后是**净利率**，指的是盈余除以收入的比率，也就是每一元钱的收入可以赚取多少盈余的意思。盈余率越高，企业每笔交易所赚取的盈余比率就越高。

王叔叔以实例向安迪与卡萝做进一步说明，他假设有两家食品公司（见表3-3）：

表3-3　甲、乙两公司三大比率对比表

（单位：元）

公司	甲公司	乙公司
收入	460 260	109 290
成本	358 610	71 190
毛利	101 650	38 100
费用	85 060	32 110
盈余	16 590	5990
毛利率	22.10%	34.90%
费用率	18.50%	29.40%
净利率	3.60%	5.50%

王叔叔问安迪："看了这张表格，你觉得哪一家公司的毛利率比较好？"

安迪端详了一下，说："当然是乙公司啊！毛利 38 100 元除以收入 109 290 元，算得的毛利率为 34.9%。甲公司的毛利为 101 650，虽然比乙公司高，但是除以收入 460 260 元后，毛利率只有 22.1%，反而低于乙公司。所以说，乙公司的产品附加价值较高。"

"很好！"王叔叔再问，"你们再继续分析一下，这两家的费用率与净利率各又如何？哪一家比较好？"

安迪和卡萝交头接耳、窸窸窣窣地讨论一番，最终安迪说："王叔叔，我看这两家公司就费用率来比较的话，虽然乙公司的费用只有 32 110 元，比甲公司少很多，但是除以收入 109 290 元之后，乙公司的费用率为 29.4%，反而比甲公司的费用率 18.5% 高出很多，所以乙公司的费用率高于甲公司。"

卡萝也不遑多让，她接着说："就净利率来看，虽然乙公司的盈余为 5 990 元，但是除以收入 109 290 元之后，乙公司的净利率为 5.5%，反而高于甲公司的净利率 3.6%，所以乙公司的净利率也是高于甲公司的。"

王叔叔对小两口的分析非常满意，鼓掌叫好，还举杯啜了一口清酒。他说："你们都分析得不错。那你们能不能用自己编的损益表来计算三大比率呢？"

安迪和卡萝列出他们的损益表（见表 3-4），然后开始动手计算：

表 3-4　养生便当店损益表

（单位：元）

收入	356 600
成本	191 040
毛利	165 560
费用	54 000
盈余	111 560

毛利率：毛利 165 560 元 ÷ 收入 356 600 元 =46.4%

费用率：费用 54 000 元 ÷ 收入 356 600 元 =15.1%

净利率：盈余 111 560 元 ÷ 收入 356 600 元 =31.3%

王叔叔看着安迪计算出来的数据说："你的毛利率为 46.4%，意思是每卖 100 元，就可以赚 46.4 元的毛利。费用率为 15.1%，就是每销售 100 元，只需投入 15.1 元的费用。最后，你的净利率为 31.3%……"

王叔叔话还没说完，安迪和卡萝不约而同地抢着说："就是每做 100 元的生意，我们就可以赚 31.3 元的盈余。"

三个人同时哈哈大笑并举起清酒，互相敬了对方，干杯下肚。

王叔叔夹起一片生鱼片，慢条斯理地蘸了山葵酱，送入口中，然后缓缓地说："所以啊，年轻人，你们的净利率比甲乙两家公司都要高。"

安迪与卡萝听了都笑着点头。

王叔叔接着问："对了，还有一份财务报表，就是资产负债表，你们有没有编好带过来？"

卡萝说："对不起，王叔叔，我还不会编。"

安迪趁机对王叔叔说："王叔叔，能不能让卡萝跟你学学会计，顺便学习怎么编资产负债表？"

王叔叔爽快地说："没问题，看看卡萝哪天有空，我从头教她一遍。"

卡萝一听满心欢喜，连忙说："王叔叔，我们店里每个星期一公休，那我下星期一一早就去跟您请教，好吗？"

王叔叔说："好啊，救火要救急，打铁也要趁热，我们就约下星期一见吧！不过，记得把存折和流水账带来。"

酒足饭饱之后，安迪和卡萝送王叔叔回家。两人手牵手、心连心，对未来充满了信心……

流量与存量的区别

到了星期一公休那一天，卡萝依约一大早就乘车来到王叔叔的家。今天她要和王叔叔学习如何编制资产负债表。

卡萝先把她所记的流水账给王叔叔过目（见表 3-5）：

表 3-5　一月份流水账

日期	项目	收入（元）	支出（元）	余额（元）
1/1	安迪妈妈存入	300 000	—	300 000

续表

日期	项目	收入（元）	支出（元）	余额（元）
1/1	卡萝存入	200 000	–	500 000
1/1	银行借款	700 000	–	1 200 000
1/1	购买房屋	–	1 000 000	200 000
1/1	支付生产性资产	–	60 000	140 000
1/1	开张用品支出	–	300	139 700
1/1	饮料进货 600 罐	–	10 800	128 900
1/1	买食材 40 份	–	2 000	126 900
1/1	卖便当 40 个	4 000	–	130 900
1/1	卖饮料 60 罐	1 800	–	132 700
1/2	买食材 45 份	–	2 250	130 450
1/2	卖便当 45 个	4 500	–	134 950
1/2	卖饮料 62 罐	1 860	–	136 810
1/3	买食材 55 份	–	2 750	134 060
1/3	卖便当 55 个	5 500	–	139 560
1/3	卖饮料 65 罐	1 950	–	141 510
1/4	买食材 65 份	–	3 250	138 260
1/4	卖便当 65 个	6 500	–	144 760
1/4	卖饮料 120 罐	3 600	–	148 360
1/5	买食材 75 份	–	3 750	144 610
1/5	卖便当 75 个	7 500	–	152 110
1/5	卖饮料 135 罐	4 050	–	156 160

续表

日期	项目	收入（元）	支出（元）	余额（元）
1/6	饮料进货1 200罐	–	21 600	134 560
1/7	买食材85份	–	4 250	130 310
1/7	卖便当85个	8 500	–	138 810
1/7	卖饮料100罐	3 000	–	141 810
1/8	买食材95份	–	4 750	137 060
1/8	卖便当95个	9 500	–	146 560
1/8	卖饮料110罐	3 300	–	149 860
1/9	买食材100份	–	5 000	144 860
1/9	卖便当98个	9 800	–	154 660
1/9	卖饮料115罐	3 450	–	158 110
1/10	买食材100份	–	5 000	153 110
1/10	卖便当97个	9 700	–	162 810
1/10	卖饮料108罐	3 240	–	166 050
1/11	买食材100份	–	5 000	161 050
1/11	卖便当100个	10 000	–	171 050
1/11	卖饮料150罐	4 500	–	175 550
1/12	买食材110份	–	5 500	170 050
1/12	卖便当110个	11 000	–	181 050
1/12	卖饮料165罐	4 950	–	186 000
1/14	买食材100份	–	5 000	181 000
1/14	卖便当98个	9 800	–	190 800

续表

日期	项目	收入（元）	支出（元）	余额（元）
1/14	卖饮料 108 罐	3 240	－	194 040
1/15	买食材 100 份	－	5 000	189 040
1/15	卖便当 96 个	9 600	－	198 640
1/15	卖饮料 115 罐	3 450	－	202 090
1/16	买食材 100 份	－	5 000	197 090
1/16	卖便当 92 个	9 200	－	206 290
1/16	卖饮料 106 罐	3 180	－	209 470
1/17	买食材 95 份	－	4 750	204 720
1/17	卖便当 95 个	9 500	－	214 220
1/17	卖饮料 120 罐	3 600	－	217 820
1/18	饮料进货 1 600 罐	－	28 800	189 020
1/18	买食材 120 份	－	6 000	183 020
1/18	卖便当 120 个	12 000	－	195 020
1/18	卖饮料 165 罐	4 950	－	199 970
1/19	买食材 150 份	－	7 500	192 470
1/19	卖便当 142 个	14 200	－	206 670
1/19	卖饮料 172 罐	5 160	－	211 830
1/21	买食材 100 份	－	5 000	206 830
1/21	卖便当 92 个	9 200	－	216 030
1/21	卖饮料 122 罐	3 660	－	219 690
1/21	水电费	－	4 700	214 990

续表

日期	项目	收入（元）	支出（元）	余额（元）
1/22	买食材 100 份	–	5 000	209 990
1/22	卖便当 95 个	9 500	–	219 490
1/22	卖饮料 107 罐	3 210	–	222 700
1/23	买食材 100 份	–	5 000	217 700
1/23	卖便当 98 个	9 800	–	227 500
1/23	卖饮料 123 罐	3 690	–	231 190
1/24	买食材 100 份	–	5 000	226 190
1/24	卖便当 97 个	9 700	–	235 890
1/24	卖饮料 132 罐	3 960	–	239 850
1/25	买食材 150 份	–	7 500	232 350
1/25	卖便当 145 个	14 500	–	246 850
1/25	卖饮料 168 罐	5 040	–	251 890
1/25	发薪水	–	46 000	205 890
1/26	买食材 150 份	–	7 500	198 390
1/26	卖便当 150 个	15 000	–	213 390
1/26	卖饮料 182 罐	5 460	–	218 850
1/28	买食材 100 份	–	5 000	213 850
1/28	卖便当 98 个	9 800	–	223 650
1/28	卖饮料 107 罐	3 210	–	226 860
1/29	买食材 100 份	–	5 000	221 860
1/29	卖便当 97 个	9 700	–	231 560

续表

日期	项目	收入（元）	支出（元）	余额（元）
1/29	卖饮料 123 罐	3 690	–	235 250
1/30	买食材 100 份	–	5 000	230 250
1/30	卖便当 100 个	10 000	–	240 250
1/30	卖饮料 132 罐	3 960	–	244 210
1/31	买食材 105 份	–	5 250	238 960
1/31	卖便当 102 个	10 200	–	249 160
1/31	卖饮料 108 罐	3 240	–	252 400
1/31	付利息钱	–	3 000	249 400

王叔叔看了一下说："这个流水账记太多笔了。我把相关性高的项目合并在一起，做个精简版的流水账，这样解说起来比较容易。"

说着，王叔叔就用计算器一边敲打一边记起账来。不愧是才学专精的王叔叔，没多久就将一月份的流水账从八九十笔缩减到 17 笔。精简后的流水账见表 3-6：

表 3-6　精简后的一月份流水账

日期	项目	收入（元）	支出（元）	余额（元）
1/1	安迪妈妈存入	300 000	–	300 000
1/1	卡萝存入	200 000	–	500 000

续表

日期	项目	收入（元）	支出（元）	余额（元）
1/1	银行借款	700 000	－	1 200 000
1/1	购买房屋	－	1 000 000	200 000
1/1	现金购买生产性资产	－	60 000	140 000
1/1	开张用品支出	－	300	139 700
1月	饮料进货1 800罐	－	32 400	107 300
1月	买食材1 265份	－	63 250	44 050
1月	卖便当1 246个	124 600	－	168 650
1月	卖饮料1 639罐	49 170	－	217 820
1月	饮料进货1 600罐	－	28 800	189 020
1月	买食材1 375份	－	68 750	120 270
1月	卖便当1 336个	133 600	－	253 870
1月	卖饮料1 641罐	49 230	－	303 100
1/21	水电费	－	4 700	298 400
1/25	发薪水	－	46 000	252 400
1/31	付利息钱	－	3 000	249 400

王叔叔摊开了他整理后的流水账给卡萝看，并拿起纸笔，说："好，重头戏来了，接下来要教你的是，如何依照财务报表五大要素的变动结果来编制资产负债表与损益表。"

只见王叔叔手挥几下，马上就做好了资产负债表与损益表（见

表 3-7)：

表 3-7 养生便当有限公司资产负债表

×××× 年 1 月 31 日　　　　　　（单位：元）

资产		负债及股东权益		
现金	249 400	负债		
存货	2 160	长期借款	700 000	
土地及房屋	1 000 000	负债合计		700 000
生产性资产	60 000	股东权益		
		股本	500 000	
		保留盈余	111 344	
		股东权益合计		611 344
资产合计	1 311 560	负债及权益合计		1 311 560

养生便当有限公司损益表

×××× 年 1 月 1 日至 1 月 31 日（单位：元）

销售收入	356 600
销售成本	−191 256
销售毛利	165 344
支出费用	−54 000
盈余	111 344

他指着两张表说："你有没有注意到，损益表表头的日期是 1 月 1 日至 1 月 31 日，而资产负债表的日期是 1 月 31 日。"

卡萝说："对啊，为什么会这样？"

王叔叔说："我来画个图，会比较容易解释清楚（见图 3-1）。"

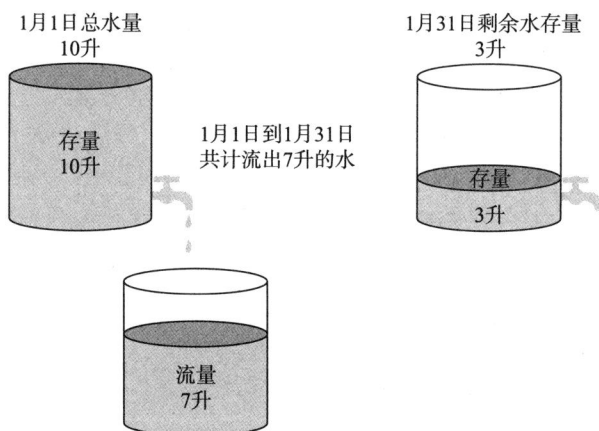

1月1日总水量
10升

1月31日剩余水存量
3升

存量
10升

1月1日到1月31日
共计流出7升的水

存量
3升

流量
7升

图 3-1

"假如有个水缸，在 1 月 1 日测量过，总共有 10 升的水。然后打开水龙头，让水慢慢流出。到 1 月 31 日时关上水龙头，这时测量发现只剩下 3 升的水。请问在这一个月之间，总共流掉了几升的水？"王叔叔问。

卡萝回答："10 减 3 等于 7，流掉 7 升。"

王叔叔解释："1 月 1 日水缸内 10 升的水和 1 月 31 日水缸内 3 升的水，我们称为**存量**，存量是看得见而且能被衡量的。而 1 月 1 日到 31 日这段时间总共流出了 7 升的水，由于已经流出去了，所以无法观察，我们称之为**流量**。不过，虽然无法观察，还是可以用来说明水缸的水变动的原因。"

他接着说："举个例子，你上个月底的存款余额有 30 000 元，这段时间存入了 20 000 元，支出了 10 000 元，所以这个月底的存款余额有多少钱？"

卡萝说："30 000 元加上 20 000 元再减去 10 000 元，就是 40 000 元。"

"没错，存款余额就是存量，是指某一个特定时间点的余额，例如这个月 31 日，这是可以盘点的。至于流量则是解释余额是如何变动的，但限定是某一段时间的金额变动。"王叔叔说，"好，我再问你，收入属于流量还是存量？"

卡萝想了想，说："我们一般讲这个月的收入、这个月的支出，所以应该是流量。"

王叔叔说："没错。那现金余额或银行存款余额呢？"

卡萝说："我昨天去打印存折，余额是 40 000 元，这是某一特定时间点的余额，所以是存量。"

"对，没错！因为损益表代表营业活动，也就是收入及支出，即流量，所以我们称**损益表是流量的报表**。至于资产负债表则是一个特定时间点衡量出来的存量金额。由于财务活动的要素如资产、负债、股东权益都是存量，也就是确实存在的量，因此我们称**资产负债表是存量的报表**。"王叔叔最后做了个小结，"现在我们可以看到，公司在从无到有的创立过程中，拥有了资产，也同时增加了负债及股东权益，以及耗用资产产生支出并创造收入，最后产生了资产负债表及损益表。"

从分类的资产负债表看存量

卡萝看到王叔叔摊开的资产负债表，疑惑地说："这和我平常从报纸杂志看到的资产负债表好像不太一样。"

王叔叔回答："为了提供更多信息，所以多半采用分类的资产负债表。"他给卡萝看的资产负债表如下（见表3-8）：

表3-8　○○股份有限公司资产负债表

×××× 年 12 月 31 日　　　　　　　　（单位：元）

流动资产		流动负债	
现金	××	银行借款	××
应收票据	××	应付票据	××
应收账款	××	应付账款	××
存货	××	应付费用	××
预付费用	××	预收收入	××
流动资产合计	×××	流动负债合计	×××
		长期负债	
固定资产		长期借款	××
土地	××	负债合计	×××
房屋	××	**股东权益**	
生产性资产	××	股本	××
运输设备	××	保留盈余	××
固定资产合计	×××	股东权益合计	×××
资产总额	×××	负债及权益总额	×××

由此可以看出，资产负债表左边的资产项目是以资产的变现速

度来排列的，也就是各类资产中越快变成现金的项目越靠前，依此类推。

财务小知识

资产负债表的项目

资产负债表的三大要素是"资产""负债""股东权益"，以下分项说明。

资产一般可分为两大类。

流动资产：指现金及其他相当短期（通常短于一年）可变现或供企业耗用的资产。流动资产经常按流动性或变现性的难易程度由低到高排列，通常包括现金、应收票据、应收账款、存货、预付费用等项目。

固定资产：指使用周期较长、供营业使用而非以出售为目的资产，通常包括土地、房屋、生产性资产、运输设备等项目，一般来说，排列原则是不动产排列于前，动产排列于后。

负债项目可分为两大类，通常以偿付的时间先后顺序排列，先清偿的负债排在前面：

流动负债：指须在一年内偿付的债务，通常必须用流动资产来偿付。流动负债按偿付的时间先后排列，通常包括银行借款、应付票据、应付账款、应付费用及预收收入等项目。

长期负债：指到期日在一年以上的债务，如长期借款等项目。

资本（股东权益）通常包括股本及保留盈余，前者为投资之金额，后者为运营后保留在公司内部之盈余。

从分类的损益表看流量

王叔叔接着对卡萝说明"损益表"概念。

"损益表的情况也很类似。"王叔叔说，"为使损益表能提供更多信息，帮我们分析公司经营结果的优劣，包括主要营业活动的经营结果，以及评估获利能力上较不重要的非营业收入及费用，我们多半会采用分类的损益表。"

他把损益表拿给卡萝看（见表3-9）：

表3-9　○○股份有限公司损益表

××××年1月1日至12月31日　（单位：元）

	销售收入	×××
减:	销售成本	××
	销售毛利	×××
减:	营业费用	××
	营业净利	×××
加:	非营业收入	×××
减:	非营业费用	××
	税前净利	×××
减:	所得税	××
	税后净利	××

"哦，原来如此，这样我就明白了。"卡萝开心地说，"谢谢王叔叔这么耐心地教我，现在我算不算已经称得上达到会计入门的程度呢？"

两人哈哈大笑。

财务小知识

损益表的项目

分类损益表可分成四个主要部分，包括"营业收入"、"营业成本"、"营业费用"和"非营业收入及费用"。

营业收入：企业主要营业活动所产生的收入。合法的主要活动为登记于公司执照及营业执照上的营业项目。产品的销售称为"销售收入"，劳务的提供称为"劳务收入"。

营业成本：为了赚取营业收入所支付的成本。销售商品的成本称为"销售成本"，指的是已售商品所发生的成本。

营业费用：企业为了营销、服务客户及管理企业所应负担的费用，包括营销费用与管理费用。

非营业收入及费用：因非主要营业活动所产生的收入和费用，包括利息收入、利息费用、处置固定资产利益或损失等。

损益项目之间的关系如下：

○ 销售毛利 = 销售收入 - 销售成本

○ 营业净利 = 销售毛利 − 营业费用

○ 税前净利 = 营业净利 + 非营业收入 − 非营业费用

○ 税后净利 = 税前净利 − 所得税费用

本章摘要

○ 开店当老板，等于是梦想的实现，不过开店之前必须知道七件事，包括：店面要用租的还是买的，要做多少生意才不会赔钱，如何拿捏销售量与备货量，现金准备的够多吗，与银行建立关系了吗，现金支付和赊账哪个比较划算，以及多少库存最适当。

○ 做生意要租或买店面，应仔细比较租金和贷款还款金额，还要考虑有无足够首付款和周转金，以及做生意的收入是否稳定充足，以支应未来贷款还款的需求。

○ 做生意常常得先买进备货，以供销售，缺货或库存太多都不好，因此库存管理对企业经营是一件很重要的事。存货是以使用量的天数来计算的，后者称为"库存天数"。库存要估得准，必须对每天、每周或每月的实际销售状况有准确的掌握，这样才知道平均每天需储备多少货。此外，还要考虑"订货时间"，即从订货到送货所需要的时间，来决定最适当的库存量。通常大批订货会有折扣，但是要先算出现金折扣的利率，才能知道是否值得冒积压资金的风险，并要考虑库存保存期限的问题。

○ 小规模企业通常用"现金基础"来计算损益，即收到现金时才计收入、支出现金时才计支出。而一般会计上的表达则以所谓的"应计基础"来计算损益，即收入实现时计入收入、支出发生时计入支出。这种用应计基础所计算的盈余会比较准确。

○ 损益表除了显示某段时间内企业的收入、支出和盈余等信息，还能透露出企业的营运状况与竞争力，即"毛利率"、"费用率"和"净利率"。

○ 损益表又称为流量的报表，通常有四个主要的部分，包括"营业收入"、"营业成本"、"营业费用"和"非营业收入及费用"。

○ 资产负债表记录的是一个特定时间点衡量出来的存量金额，例如现金余额等。由于财务活动的要素如资产、负债、股东权益都是存量（余额），也就是确实存在的量，所以资产负债表又称为存量的报表。

○ 资产负债表通常在三大要素（资产、负债与股东权益）之下会有更细的分类，以提供更丰富的信息。例如资产可分为流动资产与固定资产，负债可分为流动负债和长期负债，资本（股东权益）可分为股本和保留盈余（公司赚的钱保留在公司内部未发放股息给股东的部分）。

练习试题

问题 1

表 3-2 中，安迪在 1 月 18 日时进了 1 600 罐的饮料，为什么？

问题 2

为什么库存低于 200 罐就必须进货？

Note

第 4 章

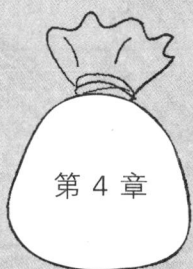

扩 大 营 业 该 懂 的 资 金 分 析

过年后不久，安迪在看店的时候，忽然老客户小刘来访。

安迪开心地寒暄说："嗨，小刘，今天怎么有空过来？来，我做个便当给你。"

小刘说："不急不急，我今天过来是特地跟你商量一件事情。"

"哦？是什么事？你说。"安迪说。

"你的便当很好吃，让我也起了做生意的念头。我最近在闹市区附近租了一个店面，想跟你批些货来尝试卖养生便当。"小刘说。

看到有同行要加入，安迪觉得很兴奋，赶紧说："当然好啊，只要价格没问题，我们都可以商量。"

小刘见安迪答应得如此爽快，便直接说："你可不可以算我便宜一点，让我也有盈余？"

"没问题，都是老客户了，我就算你八折，一个便当 80 元卖给你。至于数量，我就先给你供应 40 个，看看你的销售情况如何，再来慢慢增加。"

"不过我也是刚开始做生意，手头上没有那么多现金，能不能让我先赊账，让我每半个月付款一次？"

"这个我无法确定，因为过去我都是用现金做生意，不知道如果让你赊账会有什么影响。"

"关于这个问题，就请你务必帮忙了，我明天再来问问你的答复。"

"好，明天回你消息。"

赊账对周转金的影响

安迪第一次遇到这样的提议，小刘要采购他的便当去卖，对他来说当然是多了一笔生意，可以因此多赚些钱，不过他不清楚赊账和用现金支付到底有什么差别。为了保险起见，他决定还是去请教王叔叔。

于是，他立刻打电话和王叔叔联络，说明原委，想知道让人赊账交易会有什么影响。

王叔叔说："你每天买食材都是用现金支付，如果收入是赊账，恐怕会使现金不够。这样好了，你买饮料的部分也可以考虑用赊账的方法进货，如此一来，就可以减轻你的资金压力。"

"可是如果我用赊账方式，就可能没办法享受九折的优惠了。"安迪说。

"你先这样子做做看，一个月之后我们再来讨论。"王叔叔说。

挂断电话后，安迪打给他的供货商，说明要将付款方式改成赊购。供货商回应因近期经济状况不好，最多只能给他 10 天期限，而且没有九折优惠。

安迪虽然觉得少了折扣有点可惜，但一想到卖给小刘后的盈余可能更高，便勉强同意。接着他打电话给小刘，谈定彼此的交易条件，愿意让他每半个月付款一次。

就这样经过了一个月，卡萝把学到的记账方法加以运用后，做出了一月和二月的损益表及二月最后一天的资产负债表（见表 4-1），然后和安迪一起拿去给王叔叔看。

表4-1 养生便当有限公司损益表

××××年1月1日至2月28日 （单位：元）

	销售收入	930 200
减：	销售成本	（520 400）
	销售毛利	409 800
减：	营业费用	（113 000）
	盈余	296 800

养生便当有限公司资产负债表

××××年2月28日 （单位：元）

资产			负债及股东权益		
现金	348 534		应付账款	22 934	
应收账款	105 600		流动负债		22 934
存货	5 600		长期负债		700 000
流动资产		459 734	负债合计		722 934
土地及房屋	1 000 000		**股东权益**		
生产性资产	60 000		股本	500 000	
固定资产		1 060 000	保留盈余	296 800	
			股东权益合计		796 800
资产合计		1 519 734	负债及权益合计		1 519 734

王叔叔看到这两张报表后，当下决定要教他们有关资金需求的计算方式。

"要了解一家企业的资金需求，首先必须算出该企业的应收账款周转天数、存货天数与付款天数，才可得知。"王叔叔说，"我先从应收账款周转天数开始讲解。应收账款周转天数就是在衡量销货出去后将货款收回的天数，这会影响一家企业资金需求的多寡。因此，应收账款周转天数的计算对一家企业来说相当重要。"

"为什么应收账款周转天数会影响企业资金需求的多寡呢？"安迪不解地问。

王叔叔解释："这就好像你卖给小刘便当却没收钱，对你的资金周转有没有造成压力？"

"我现在还没感觉，要等实际碰到后才知道。"

"当你实际碰到的时候，事情就大了。"王叔叔说，"如果你半个月后才跟小刘收钱，那你会有多少现金没有收回来？这部分本来是收现金的，现在却没办法收到现金，那你就得想办法去筹这笔钱，这就是资金周转上的压力。"

"这应该怎么算？"安迪问。

"假设你一天卖给小刘 40 个便当，每个便当 80 元，一天就有 3 200 元没收到现款。15 天后才收款，总共有多少钱没收回来呢？"

"这个我会算，一天 3 200 元，15 天 48 000 元，所以就有 48 000 元没收到。"

王叔叔继续问："可是你买便当的成本要不要付给人家钱呢？"

"当然要啊，食材都是当天去市场采购的，每次采购都要付现金。"

"这就对了，钱还没收到，买食材时却立刻付现，你说这对你的周转有没有影响？"

"这么说来，当然是有啦，有出没进嘛。"

"没错，所以就必须算出营业周转期及资金缺口，才能决定可不可以赊销或赊购。"王叔叔向安迪解释。

如何计算周转金

听着王叔叔的说明，安迪和卡萝才意识到，原来"周转"对做生意的影响这么大。于是卡萝接着问："什么是营运周转期？资金缺口又怎么算呢？"

王叔叔说："进货后还没卖掉的就是存货。存货放着一直到卖出去的天数，叫作**存货周转天数**或**存货持有天数**。当存货销售出去后，也要经过几天才能收回现金，这就叫作**应收账款周转天数**。所谓**营业周期**，就是从用现金买产品到产品出售后收回现金的这段时间，也就是存货周转天数加上应收账款周转天数的意思。

"举个例子，假如你的存货周转天数要 10 天，应收账款周转天数要 15 天，也就是你进货后要 25 天才能收到现金。但是在这 25 天里，你必须支付货款、水电费、薪资等，如果没有预先准备一些钱，在还未收到货款之前，你就没有足够现金可以支付这些支出，这就叫作'周转不灵'。至于需要准备多少现金来应付日常支出的周转需要，就是**资金缺口**。"

安迪挠了挠脑袋："我好像听懂了，可是不知道该怎么计算？"

王叔叔笑了笑，说："来，我算给你看。"

他指出，**应收账款周转天数**就是应收账款金额除以平均每日销售收入金额。以安迪的例子来看，应收账款金额是 48 000 元，平均每日销售收入为 3 200 元，48 000 元除以 3 200 元，得出应收账款周转天数为 15 天。而存货周转天数的算法是用存货金额除以平均每日销售成本的金额，假设存货有 20 000 元，平均每日的销售成本为

2 000 元，20 000 元除以 2 000 元，得出存货周转天数为 10 天。

他问安迪："如果你的营业周期是 25 天，你知道要准备多少周转金才够吗？"

"这个又要怎么算？"安迪问。

王叔叔回答："用平均每日的销售成本乘以营业周期，就可以得到周转金需求的金额。例如你每天所需的销售成本是 2 000 元，营业周期为 25 天，你必须准备 50 000 元的周转金来应付日常支出，以避免还没收到货款前现金不足的状况。"

安迪点点头说："我懂了，不过我还有一个问题，为什么应收账款周转天数是除以平均每日销售金额，而存货周转天数却是除以平均每日销售成本呢？"

王叔叔笑着说："你现在对经营的细节比以前用心多了，已经可以问出这么细腻的问题了。"

他告诉安迪，所谓应收账款就是未收回来的货款，是用售价来计算的，所以应收账款周转天数要以销售金额来计算，也就是用应收账款除以平均销售收入。而存货属于成本，必须用销售成本来计算，所以存货周转天数也就是存货除以平均销售成本。

安迪仿佛开窍了，很有自信地说："我知道了，计算周转金是用平均支出来计算，而不是用平均收入来计算。虽然收款是用售价计算，也就是一个便当的卖价 100 元，但付款的时候其实是在支付成本，例如一个便当的成本是 50 元。而周转金是在计算周转期间内必须准备多少钱来付款，所以是用平均销售成本乘以营业周期，而不是用平均销售收入乘以营业周期。"

王叔叔针对刚才的说明做了总结：营业周期越长，资金缺口就越大；平均销售成本越多，资金缺口就越大。反之，营业周期越短，资金缺口就越小，同理，平均每日销售成本越低，资金缺口就越小。

算出实际资金缺口，应对周转不灵的风险

确定安迪和卡萝已经了解了营业周期和资金缺口的概念后，王

叔叔继续针对周转金做进一步说明。"现在我要告诉你们一个秘密，刚才资金缺口的计算是一种保守的算法，其实并不需要准备这么多周转金来应付营业支出的需要。"

"为什么呢？"安迪问。

"因为有时候我们进货或支付费用时，也可以选择不用立即付款啊，这时你需要准备的周转金的天数就可以将付款的天数扣除。换句话说，真正需要准备周转金的天数是营业周期减去付款天数。"王叔叔说。

"什么叫作'付款天数'？"安迪问。

"**付款天数**就是你进货后多久就要付款的天数，一般而言，算法就是应付账款金额除以平均每日销售成本。例如你的应付账款是16 000元，平均每日的销售成本为2 000元，也就是平均每8天就要付款一次，所以付款天数是8天。"王叔叔解释道。

"因为每天的销售成本为2 000元，付款周期是8天，所以应付账款金额是16 000元……这样我懂了，这和应收账款周转天数的计算是一样的概念，只是把应收账款改为应付账款、销售成本取代销售收入。"安迪说。

"对，一般我们计算现金缺口，事实上是由现金周期算出来的。就是把存货周转天数减去应付账款付款天数，加上应收账款周转天数，然后再将平均每日销售成本乘以现金周期，就可以得到真正的资金缺口了。"王叔叔说。

"我知道了，"安迪说，"现在我就来算一下我的资金缺口，请王叔叔帮我看看到底算得对不对。"

安迪依照王叔叔刚才所说的算法，开始计算。

应收账款周转天数

= 应收账款金额 ÷ 平均每日销售收入

存货周转天数

= 存货金额 ÷ 平均每日销售成本

应付账款付款天数

= 应付账款金额 ÷ 平均每日销售成本

营业周期

= 存货周转天数 + 应收账款周转天数

现金周期

= 存货周转天数 + 应收账款周转天数 − 应付账款付款天数

资金缺口

= 平均每日销售成本 × 现金周转期

首先，2 月份损益表的销售收入是 573 600 元，2 月份共 28 天，平均每日销售收入为 20 486 元，应收账款金额为 105 600 元，用 105 600 元除以 20 486 元，得到 5.15 天的收款天数。

其次，用 2 月份的销售成本 329 360 元除以 28 天，求得平均每日销售成本为 11 763 元。然后用存货金额 5 600 元除以 11 763 元，得到 0.48 天的平均存货周转天数。

再用应付账款金额 22 934 元除以平均每日销售成本 11 763 元，得到 1.95 天的应付账款付款天数。

接着计算现金周期。将收款天数 5.15 天加上平均存货周转天数 0.48 天，再减去应付账款付款天数 1.95 天，得到 3.68 天。

然后用平均每日销售成本 11 763 元乘以 3.68 天，就得出资金缺口为 43 288 元。

安迪算完之后，便问王叔叔这样的算法是否正确？

王叔叔说："大致上都没有错，不过当初卡萝投资了 200 000 元，扣掉 60 000 元的生产性资产后，还有 140 000 元可以当作周转金。这 140 000 元远大于你目前计算的资金缺口，所以不会产生周转不灵的情况。"

他接着补充："但是如果小刘要求改成一个月后付款，情况就不一样了。所以你们必须经常计算现金周期及资金缺口，以免导致周转金不够而有周转不灵的风险。"

经过王叔叔详细的说明，安迪和卡萝发现，财务知识可说是一山还比一山高，要精熟，还得经过不断地实践才行。而上了这堂扎实的课，两人都相信未来在资金周转部分一定更能灵活把握。

经过一年的努力，安迪不但打开了养生便当的知名度，同时也成了另两位朋友的养生便当供货商。也就是说，这一年来，安迪的养生便当已经打下知名度及稳定的基础，而他也正计划来年朝其他县、市发展。

不过在扩张营业之前，安迪还是拿当年度的财务报表给王叔叔看（见表4-2、表4-3）。

表4-2 养生便当有限公司资产负债表

××××年12月31日 （单位：元）

资产			负债及股东权益		
现金	2 905 924		应付账款	240 184	
应收账款	930 200		流动负债		240 184
存货	208 160		长期负债		700 000
流动资产		4 044 284	负债合计		940 184
土地及房屋	1 000 000		**股东权益**		
生产性资产	240 000		股本	500 000	
固定资产		1 240 000	保留盈余	3 844 100	
			股东权益合计		4 344 100
资产合计		5 284 284	负债及权益合计		5 284 284

表4-3 养生便当有限公司损益表

××××年1月1日至12月31日 （单位：元）

	销售收入	11 162 400
减：销售成本		6 244 800
	销售毛利	4 917 600
减：营业费用		1 073 500
	盈余	3 844 100

王叔叔端详了一下说："除了现金周期是很重要的财务信息外，还要计算一些其他也很重要的财务比率。"

"还有哪些重要的财务比率？"安迪问。

"一般来说，除了分析经营管理要注意财务分析的指标外，以后你们要拿钱去投资股票时，也要了解一些财务比率。"王叔叔说。

"我还没想到那么远，但是将来一定会投资股票吧！"安迪说，"那么当经营管理有投资分析时，还要注意哪些重要的财务比率呢？"

从流动比率看短期偿债能力

王叔叔首先针对企业偿还能力做说明。

"一般来说，除了分析现金缺口外，还要进一步了解企业在短期内的偿债能力。所以，接着我们就来讨论'流动比率'。"他说，"所谓**流动比率**，就是说明一年内可以变现的流动资产用来偿还一年内必须清偿的流动负债的程度，算法是流动资产除以流动负债。如果比率大于200%，表示短期偿债能力不错。"

安迪听得一头雾水："我还是不大了解，可不可以再说明清楚一点？"

王叔叔点点头说："如果有一家公司的流动资产是100元，流动负债是100元，请问这家公司的短期偿债能力好不好？"

安迪回答："流动资产是100元，刚好可以偿还流动负债100元，我想应该是有不错的还款能力的。"

"不一定。"王叔叔说，"我先问你，这100元流动资产中主要都是哪些项目？"

"除了现金外，大部分的流动资产是应收账款及存货。"

"没错，大部分的流动资产应该都是应收账款及存货。但是当应收账款要变现时，就可能有无法收回的风险。万一还要扣除现金折扣，实际上收回的现金可能远低于100元。同样，存货也是一样，也会因为过期或跌价造成变现时的损失。所以立刻变现的话，可能也低于 100 元。你知道清仓大甩卖时都是打几折出售的吗?"

"据我所知,可能是五折,甚至也有三折的。王叔叔,这样存货变现的损失不是更大了吗?"

"如果要结束经营或换季大甩卖,存货的跌价的确很大。但一般来说,如果准备足够的周转金,就不必走到变现大甩卖这个地步了。所以,除非走上结束经营一途,否则实际的存货跌价损失就没那么可怕。"王叔叔接着问,"安迪,如果流动资产 100 元要立刻变现的话,能够清偿流动负债 100 元吗?"

"我知道了,流动资产不但要大于流动负债才安全,而且最好是流动负债的两倍,这样会更安全。也因为如此,大家才说流动比率最好是 200%,对不对?"

王叔叔说:"你公司的流动资产是 4 044 284 元,流动负债是 240 184 元(见 156 页的资产负债表),相除之后得到的流动比率为 1 684%,从这个数字来看,已经是一家短期偿债能力很好的公司了。"他进一步以甲、乙两家食品公司作例子来说明。

假设甲公司的流动资产除以流动负债后得到 108% 的流动比率,乙公司的流动资产除以流动负债得到 85% 的流动比率,他问安迪哪一家的偿还能力比较好？

安迪表示，两家看起来都不是很好。

"我们以 2012 年 3 月退市的茂德公司为例（见图 4-1）。"王叔叔说，"流动比率由 2004 年的 227% 降到 2011 年第一季的 57.4%，股价从 16 元跌到 2 元以下，表示这家公司的短期偿债能力很差，让投资人觉得风险很大。"

茂德公司流动比率和收盘价

类别	100.1Q	99	98	97	96	95	94	93	平均数
流动比率（％）	57.4	70.4	27.4	10.3	98.7	153.5	100.6	227.7	93.3
收盘价（元）	0.3	2.1	2.2	2.4	8.7	14.2	12.6	14.2	7.1

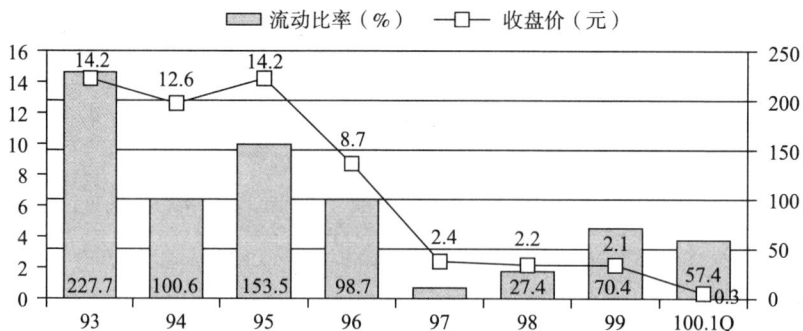

图 4-1

从自有资本率看长期偿债能力

王叔叔接着分析长期偿债能力。他说:"这主要是企业的资金安全性分析。"

"资金安全性?"安迪第一次听到这个名词。

"没错,**自有资本率**是最能代表企业资金安全性的指标。如果自有资本率大于 50%,表示做生意所需要的资金来源有一半以上来自股东,对股东及债权人也比较有保障。"

"这是什么意思呢?"

"如果做生意的大部分资金都是跟别人借的,当生意做得不错时,虽然大部分的钱都是借来的,但股东享有经营所获得的利益,债权人却只收到利息。然而,如果生意做不起来,负责人可能会放弃经营,甚至逃之夭夭,那么债权人及小股东就求偿无门了。"

"哇,原来企业经营的学问还真不少,看来我要学的还很多。王叔叔,那我们公司的自有资本率如何?"安迪问。

"依照年度的财务报表分析,养生便当的自有资本率为 82.2%

（见 156 页表 4-2，4 344 100÷5 284 284=82.2%），远高于 50%，这显示它是一家财务结构相当稳健、长期偿债能力很好的公司。我再以之前举例的甲、乙两家食品公司的自有资本率来分析。以甲公司来说，股东权益除以资产得到自有资本率为 66.31%，而乙公司股东权益除以资产得到自有资本率为 44.17%。"王叔叔回答。

安迪说："那我们公司是不是比这两家公司的表现都还要好？"

"从数字来看好像是这样，不过分析时要特别注意企业规模的问题，这一点很重要。就好像不可能拿小孩子的身高与体重的比率，与大人的身高及体重的比率相比一样。以后你们在分析财务报表时，要特别留意这一点。"王叔叔说，"同样以茂德为例，茂德的自有资本比率在 2004 年为 70.3%，因为亏本及举债，2011 年第一季跌到 6.2%，由于偿债能力相当差，股价同样表现不佳（见图 4-2）。"

"原来如此。不过我还有一个问题。"安迪说，"我发现有许多企业都喜欢举债经营，而且经营得还不错，这是为什么呢？"

"这就是企业规模及经营方式不同所造成的影响。别急，让我告诉你一个企业获利的方程式。"

茂德自有资本比率和收盘价

类别	100.1Q	99	98	97	96	95	94	93	平均数
自有资本比率（%）	6.2	11.1	21.3	34.5	45.0	61.5	51.0	70.3	37.6
收盘价（元）	0.3	2.1	2.2	2.4	8.7	14.2	12.6	14.2	7.1

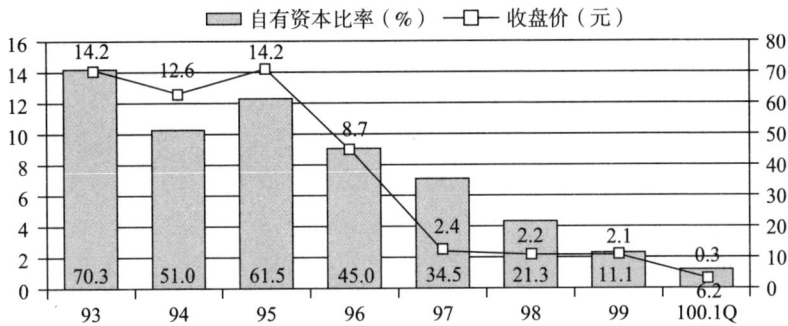

图 4-2

企业为什么要借钱经营

王叔叔问安迪：“你觉得借钱做生意，好不好？”

163

安迪说："我们刚才讨论过安全性的考虑，借钱当然对公司不好，而且借钱又不是不用还。所以我觉得，没有资本就不要借钱做生意，这是我做生意的体会。"

"我再问你，如果做 100 元的生意可以赚 5 元，这种生意你要不要做？"

"我都是赚 40% ～ 50%，5% 好像低了点。"安迪回答。

"如果做 100 元的生意可以赚 5 元，那么属于股东的报酬率有多少？"

"当然是 5% 了，5 元除以 100 元的生意就是 5%。"

"不一定，也可能是 50%。"

"什么？可能赚 50%？是用抢的吗？"安迪不解地问。

王叔叔解释说："如果你做一笔 100 元的生意，赚了 5 元，而你只投入 50 元的资产，那就表示你的资产报酬率为 10% 而不是 5%，这就是赚钱方程式的神秘力量。"

"神秘力量？"

"其实就是利用**倍数效果**或**乘数效果**，让每笔生意所赚的钱加倍的力量。"

"有这种事？"

"我再问一次，如果有一笔生意用 100 元可以赚 5 元，你做不做？"

"有赚钱的生意当然是可以做啦，不过这个报酬好像低了点。"

"100 元赚 5 元你嫌少，那么 10 000 元赚 500 元，你要不要呢？"

"这还是只有 5% 啊。"安迪挠挠头说。

"好，我换个方式问。如果 100 万元的生意可以赚 5 万元，你做不做？"

"嗯，虽然报酬还是 5%，不过如果能赚 5 万元也算是不小的数字，可以考虑啦。"

"这就是薄利多销的道理啊。在这个概念下，你不止赚 5%，还有可能赚 10% 以上，或者更高。"

"5% 就是 5%，为什么有可能赚 10%？"安迪更疑惑了。

"5% 的部分叫作'净利率'，指的是平均一笔生意可以赚 5% 的利润；至于 10% 则是'资产报酬率'，也就是平均每 1 元资产的投入可以赚 10% 的利润。"

安迪一脸茫然，似乎完全没办法理解。

王叔叔继续解释："做生意就是要将本求利。100 万元的生意并不需要投入 100 万元的资产，可能 50 万元就够了。如果投入 50 万元可以做 100 万元的生意，虽然利润还是 5 万元，但因为只投入了 50 万元，所以此时的资产报酬率就是 10%，而不是 5%。"

"这么神奇？ 5% 可以放大两倍变 10% ！"

"这就是资产周转率所产生的效果。"王叔叔说，"所谓**资产周转率**，就是用很少的资产投入，创造出很高的营业额，计算公式是销售收入除以资产。当资产周转率等于 2 时，表示投入 1 元的资产可以创造 2 元的销售收入，也就是产生两倍的乘数效果。所以，5% 的销售收入赚的净利率再乘以 2，就形成两倍的获利效果，于是资产报酬率变成 10%。"

"所以资产周转率越高越好了？"

"你卖一个便当可以赚 50 元，而小刘向你进货，他卖一个便当只能赚 20 元，这样来看，你赚的比小刘多吗？"

"当然啊！"安迪想也没想就说，"我卖一个赚 50 元，他卖一个赚 20 元，我赚的一定比他还多！"

王叔叔摇摇头："不一定，如果小刘一天卖掉 100 个便当，而你一天只卖掉 10 个，那么谁赚得比较多？"

"如果是这样，小刘赚的就比较多。"

"没错。小刘的利润虽然比较薄，但因为他的周转率比较高，所以总利润的金额比你还要多，这就是薄利多销的概念。回到刚刚说的资产周转率。资产周转率越高，表示只要用很少的资产投入，就可以创造很高的营业额，也是相同的道理。"

王叔叔继续说："我再举个例子说明。卖一栋房子可以赚 30%，但是要花两三年才能盖好卖出去，所以一年赚 10%；卖场里每件商品只赚 2%，但一年可以卖 12 件，就是赚 24%，这就是薄利多销的道理。"

安迪说："现在我知道了，资产报酬率等于净利率乘以资产周转率，即使生意本身的利润不高，但如果资产周转率高，那么也可以用很少的资产投入创造很高的营业额，从而创造较高的资产报酬率，也就是薄利多销有乘数效果。

"不过如果要薄利多销，也就是要产生很高的营业销售收入，就必须准备很多周转金吧？我的养生便当只是小本经营，万一没办法准备那么多周转金，会不会还没享受到薄利多销的好处就先周转不灵了？要薄利多销，我可没有那么多的周转金啊！"

王叔叔笑了笑，说："你看有哪一家大企业是用自己的钱筹措资金的？大部分都是对外举债，而且举债经营还可以享受另一个乘数效果呢。"

他说："我们以鸿海的股东权益报酬率来看，鸿海就是薄利多销高举债的案例。以 2015 年为例（见表 4-4），鸿海的净利率只有3.4%，即每卖 100 元可以赚 3.4 元的盈余，真的是所谓的薄利。但资产周转率达 1.88 次，也就是 1 元的资产可以创造 1.88 元的营收，这样也算是薄利多销的经营模式了。

表 4-4　鸿海股东权益报酬率细部分析（合并 1 年）

（单位：元）

类别	2016 年	2015 年	2014 年	2013 年	2012 年
营业收入	4 358 733	4 482 146	4 213 172	3 952 318	3 905 395
税后净利	151 357	150 201	132 482	107 346	91 667
平均资产总额	2 450 172	2 385 508	2 387 588	2 181 350	1 890 275
平均股东权益	1 097 090	1 022 534	895 301	743 420	647 967
税后净利率（%）	3.5	3.4	3.1	2.7	2.3
总资产周转率（次）	1.78	1.88	1.76	1.81	2.07

续表

类别	2016 年	2015 年	2014 年	2013 年	2012 年
资产回报率（%）	6.2	6.3	5.5	4.9	4.8
权益乘数	2.23	2.33	2.67	2.93	2.92
净资产收益率（%）	13.8	14.7	14.8	14.4	14.1

"不止如此，鸿海还适当举债，1 元的股东权益搭配 1.33 元的负债，可以取得 2.33 元的资产，这就是一般所谓的举债财务杠杆运用效果，理论上称为权益乘数 2.33 倍。也就是说，适度举债经营比不举债所能带来的获利更大，所以鸿海卖 1 元的营业收入可以获得的报酬率最后高达 14.7%。如果企业适度举债，进而提高获利，不是很值得吗？"

因时间已晚，王叔叔要安迪早点回去："下次你和卡萝一起来，我再教你们有关财务报表分析的方法，还有如何判断一家企业的营业状况好坏，这些都是经营企业不可或缺的部分。"

安迪回到店里，与卡萝聊起了今天学到的种种，并告知下一次的学习内容，这让卡萝兴致勃勃，心想："有些朋友经营公司，有的经营不善，有的却十分成功，到底成功和失败之间的差别在哪里呢?"她希望自己经营的公司能够一年比一年好,于是和安迪相约下次一起去学财报分析。

本章摘要

○ 赊销和赊购的情况,在企业经营的实际状况中经常发生。例如将商品和劳务销售出去,收到货款之前,往往必须先付出成本和费用。一般来说,企业必须保留足够的现金以支付这些成本和费用,这就是企业的"资金需求"。

○ 收到货款前,如果没有足够现金支付货款及费用,就会"周转不灵"。企业需要准备多长时间的现金,来应付这些日常支出的周转需求,叫作"资金缺口"。由于赊销与赊购的情况经常改变,企业必须经常计算现金周转期及资金缺口,以免导致周转金不够而有周转不灵的风险。

○ 要了解资金需求有多少,也就是计算资金缺口,必须先知道企业的存货周转天数、应收账款周转天数和付款天数。

○ 检验企业经营状况，除了计算现金周转期和现金缺口之外，还要看企业的短期及长期偿债能力。分析企业的短期偿债能力要看"流动比率"，也就是一年内可以变现的流动资产，用来偿还一年内必须清偿流动负债的程度；分析企业的长期偿债能力则要看"自有资本率"，也就是企业资金来源当中自有资金（股东权益）的比重，数值越高，企业越不容易倒闭。

○ 如果企业的大部分资金是股东自己出的钱，投资和经营的决策会比较稳健。如果钱多半是借来的，经营失败对负责决策的人没什么损失，就很容易造成较高的风险。因此自有资本率最好大于 50%，也就是超过一半的资金都来自股东。自有资金比重越大，对投资人及债权人越有保障，因此自有资本率是最能代表企业资金安全性的指标。

练习试题

问题1

平均存货周转天数为20天，平均应收账款收现天数为30天，购货付现（平均付款期为0天），平均每日销售成本为4 000元，请问现金周转期为几天？资金缺口是多少钱？

问题2

平均存货周转天数为10天，平均应收账款收现天数为20天，应付账款付款天数为10天，平均每日销售成本为4 000元，请问现金周转期为几天？资金缺口是多少钱？

问题3

平均存货周转天数为30天，平均应收账款收现天数为20天，应付账款付款天数为10天，平均每日销售成本为6 000元，请问现金周转期为几天？资金缺口是多少钱？

Note

第 5 章

稳健经营，用财报检视企业状况

几天后，安迪与卡萝带着期待的心情来到王叔叔家。或许是被两个晚辈虚心求教的态度所影响，王叔叔热烈地开启了话题。

企业经营三大活动

"首先说明一下财务报表与企业经营活动的关系。经由了解企业发展的过程去分析所需的信息，这是最切实的做法。"王叔叔拿起一支笔，开始在纸上画了起来。

他解释，企业的目标就是要赚钱，而要赚钱就必须通过企业活动来获得期望的结果。企业经营过程大致循着**企业目标→进行企业**

活动→检视企业结果这个方式进行，而企业活动主要是由人、物、财三个元素组成。以安迪的公司为例：

人：谁在经营？（安迪）

物：产品，也就是卖什么东西？（养生便当）

财：资金流转，同时经由财务报表来呈现，即在人、物及财上用金额加以表达，最终产生财务报表。

因此，企业活动可以用三项主要活动（见图5-1）来加以说明：

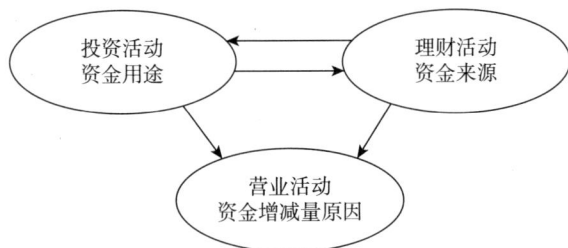

图 5-1

理财活动

主要内容是说明企业经营所需的资金来源。一般而言，企业资金的来源不外乎内部与外部，内部资金的来源就是股东权益（由股东出资所形成），而外部资金来源则由融资活动产生（向债权人借款而得），通过负债方式提供企业经营所需的资金。因此，资金的来源（理财活动）就是负债加上股东权益。

投资活动

有了资金来源之后，就要同时了解资金的用途，知道钱要投到什么地方，这就是投资活动记录的目的，诸如购买土地、厂办、机器营运设备、原料与存货、持有的现金部分及长短期投资。所以，资金的用途（投资活动）可说是资产的总和。而记录钱的流动情形，可以用资金流的恒等式来表示：

资金用途 = 资金来源

投资活动 = 理财活动

资产总和 = 负债＋股东权益

以上三个恒等式说明了财务报表里资产负债表的基本精神。资产负债表所表示的内容是投资与理财活动的记录，被视为对企业经营活动的"投入"说明。

营业活动

投入资金后，企业为了获得经营成果，就必须通过收入的过程来产生盈余，要产生盈余就得先有支出（因为没有不劳而获），经由支出过程才能创造可能的盈余，以损益表来表示，即**收入 - 支出 = 盈余**。因此，损益表就是营业活动的记录，被视为企业经营活动的"产出"。

由此可知，分析一家企业的财务报表就可以得知该企业的营运端倪，进而了解大致的营业状况。

王叔叔说："现在，我来说明一般分析所采用的方法。为了让你们更容易了解，我先举个例子说明。"

安迪和卡萝求知若渴地点点头。

"安迪，你当过兵，应该知道当兵时要体检吧。"王叔叔问，"体检的第一个步骤是什么呢?"

安迪说："量身高体重，还要检查视力及血压等。"

"为什么要先量身高体重呢?"

安迪想了想，说："大概是要先了解我这个人大致上的体型比例吧!"

"那就对了。分析的第一步就是**结构分析**，通常指的是针对同一年度同一张报表加以分析，以了解其组成结构，而这就是以前我所说过的损益表的三大指标。"王叔叔说，"我再问你，以你目前的身高体重来说，你满意吗?"

这回换卡萝抢着回答了，她说："不满意，不满意，太胖了，至少比学生时胖了 5 公斤。"

"很好，这就是财报分析的另一种方式，一般称为**趋势分析**，也就是分析企业历年来表现的趋势，它的方法是将同一张财务报表就不同年度加以比较。"王叔叔说，"最后还有一种分析方法，就是针对特殊需求，将有意义的数据加以综合分析，一般又称为**财务比率分析**，也就是针对不同张或是同一张报表交叉分析。不过，分析完后如果想知道这样的表现是否够好，就得再和同行比较，才能获得比较客观的分析标准。"

卡萝和安迪听到这里，似乎是有点懂了，频频点头。

安迪说："我可不可以拿自己的企业来分析看看？"

"当然可以啊！"

"不过该从哪里下手呢？"

"那就从投入与产出着手吧。"

"我知道了，投入指的就是资产，产出则指盈余，投入与产出的观念就是总资产投资报酬率与股东投资报酬率，这些王叔叔以前就教过了，不是吗？"卡萝说。

"没错，从理论上来说，这就是**获利能力分析**。我们再来复习一下。"

从报酬率看企业获利能力

资产报酬率

王叔叔先写下一个公式：

资产报酬率 = 盈余 ÷ 资产

他说，对企业而言，资产报酬率是了解企业现有资源（资产）能产生多少盈余的一项指标，数值越高，代表投资获利越好。

以国内企业来说，报酬率在 10% 以上就称得上是不错的企业。因为，基本上我们是以公司的资金投资所赚取的报酬率是否大于借款的利率来看这笔投资是否值得。如果资产报酬率能够大于 10%，表示高于借款的利率，因此可以说资产报酬率大于 10% 就很不错了。

安迪窃喜，说："那我这一项的比率应该算很不错吧！"

王叔叔说："以安迪的养生便当公司来看，资产报酬率达 73%

（见 156 页表 4-2，3 844 100 ÷ 5 284 284），远高于 10%，这个表现可圈可点，表明这是一家资产报酬获利能力很好的公司。"

股东权益报酬率

王叔叔接着写下股东权益报酬率的公式：

股东权益报酬率 = 盈余 ÷ 股东权益

他解释，对股东而言，股东权益报酬率是了解股东投资结果的一项获利指标，数值越高，代表投资报酬越好。价值投资专家巴菲特认为，一家企业的股东权益报酬率在 15% 以上就称得上是不错的企业，值得投资。因此，当公司的股东权益报酬率低于股东自己投资所获得的报酬时，就应该将资金退还给股东，让股东享有更高投资报酬的机会。

以安迪的养生便当公司来看，股东权益报酬率达 88%（见

156 页表 4-2，3 844 100 ÷ 4 344 100），远高于 15% 的标准，每年获利接近股东权益的 1 倍，是一家股东权益报酬获利能力相当好的公司。

损益的两大指标：毛利率和净利率

王叔叔说："既然谈到获利能力，就来看看损益的两大指标：毛利率和净利率。"

毛利率

"毛利"代表企业所赚取附加价值的高低，也代表产品本身对企业获利的贡献，同时是企业竞争力强弱的指标，当企业毛利率高于同业时，表示竞争力比较强。毛利率越高的公司，通常能带来的盈余就越高。一般而言，毛利率标准应视个别行业而有所不同，以食品业来看，至少也要 25% 以上才算具有竞争力。

毛利率 = 毛利 ÷ 收入

听完王叔叔的解说，安迪说："我们的毛利率达 44%（见 156 页表 4-2，4 917 600 ÷ 11 162 400），几乎是做一个就赚一个（当毛利率等于 50%，就是做一个赚一个的意思），这表示我的竞争力很高了，看来可以多开几个据点了。"

王叔叔说："如果钱够的话，倒是可以考虑。"

净利率

所谓"净利率"，指的是每一元钱的收入可以赚取多少盈余的意思。净利率越高，企业每笔交易所赚取盈余的比率也就越高。以食品业来看，有 5% ～ 10% 就算具有获利性了。

净利率 = 盈余 ÷ 收入

"我的净利率有 34.4% 呢（见 156 页表 4-3，3 844 100 ÷ 11 162 400），比 10% 高出太多了！"安迪高兴地说。

利用"安定性分析"评估企业是否有倒闭危机

"除了获利能力，还有哪些信息可以分析呢？我记得还有自有资本率这一项。"卡萝说。

王叔叔解释："没错，自有资本率是用来分析企业是否有倒闭危机的指标，理论上称为安定性分析，也就是自有资本率分析，这是要计算股东权益（自有资本）占资产的比率。自有资本率越高，企业就越不容易倒闭。"

股东权益占资本比率（自有资本率）

＝股东权益总额 ÷ 资产

王叔叔指出，以企业的安定性来说，自有资本率一般应超过 50% 才安全，而安迪的养生便当公司自有资本率达 82.2%（见 156 页表 4-2，4 344 100 ÷ 5 284 284），算是很不错的。

"王叔叔，经过你的分析，我与卡萝经营企业的能力是不是还不错呢？"安迪问。

"要知道一家企业经营的能力好不好，除了有没有赚钱之外，也有一系列的财务比率可以用来分析。"王叔叔说，"所以我们要进一步分析一下经营能力指标才可以下结论。"

从经营能力分析企业资产周转率

王叔叔向安迪和卡萝解释，要衡量经营者的经营能力，一般来说，不外乎检视**创造盈余**及**销售收入**两大部分。

"盈余部分已经分析过了，销售收入该如何解读呢？"安迪问。

"举例来说，甲公司的销售收入是 1 000 元，乙公司则为 10 000元，你说哪家公司较好呢？"王叔叔说。

"一定是乙公司比较好啰。"安迪立刻回答。

"真是如此吗？如果甲公司投入资产 1 000 元，乙公司投入资产100 000 元，那么谁比较好呢？"王叔叔问。

"以投入及产出的观念来看，似乎是甲公司比较好。"安迪说。

"这就对了。做任何分析都要有相对的概念，甲公司每 1 元的投入有 1 元的销售收入，而乙公司每 1 元的投入却只产生 0.1 元的销售收入，所以当然是甲公司比较好，这在财报分析上称为'周转能力'，也就是经营绩效分析。"

王叔叔列出资产周转率的公式如下：

$$资产周转率 = 收入 \div 资产$$

一般而言，买卖业的资产周转率要大于 2 比较好，因为买卖业不同于制造业，不需要投入很多固定资产及设备，只是单纯地买进商品及卖出商品。所以投入 1 元的资产，应该要产生 2 元的销售收入才合理。至于制造业的资产周转率则应大于 1 比较好，因为投入 1 元的资产，至少要有 1 元的销售收入，总不能产生的销售收入比投入的资产还要少。

"公司的资产周转率是 2.1 次（11 162 400 ÷ 5 284 284），这样看来，我的周转能力大概平平，所以经营绩效还有很大的改善空间。"安迪说。

"如果想要改善，那就得针对应收账款、存货、固定资产周转率做进一步分析了。"

应收账款周转率

什么是应收账款周转率？王叔叔解释，就是平均每年可以收回几次应收账款的意思。如果应收账款周转率为 6 次，代表平均每两个月（12 个月÷6 次）可以收回货款。以各个产业的水平评估，这个比率如果在 6 次以上就算不错。当然，还得参考各行业的实际状况才能下结论。

应收账款周转率＝销售收入÷应收账款

王叔叔说："依照上面这个公式来看，养生便当公司的应收账款周转率是 12 次（11 162 400÷930 200），也就是平均 1 个月就可以收回货款，算是在平均水平之上。"

存货周转率

王叔叔接着说明存货周转率的概念。他说，存货周转率就是平均每年可以卖出几次存货的意思。如果存货周转率为 12 次，代表平均每 1 个月（12 个月 ÷ 12 次）就可以将存货售出。以各个产业的水平评估，这个比率如果在 6 次以上就算可圈可点。当然，还要参考各行业的实际状况才能下结论。以科技业来说，平均存货只能有 2 周，否则就会因为过时而产生无法销售的风险。

存货周转率 ＝ 销售成本 ÷ 存货

"养生便当公司的存货周转率是 30 次（6 244 800 ÷ 208 160），也就是平均 12 天（360 天 ÷ 30 次）就可以把存货卖掉，也算是在平均水平之上。但食材不能放太久，饮料放半个月还可以。"王叔叔分析。

固定资产周转率

所谓固定资产周转率，指的就是固定资产平均每年可收回几次，或是平均每投入 1 元固定资产可以创造多少收入。以制造业来说，固定资产周转率最好要大于 1 次，表示每投入 1 元的固定资产可以创造 1 元的收入。如果是买卖业，由于投入的固定资产通常远低于制造业，所以固定资产最好能大于 2 次，表示每投入 1 元的固定资产，可以创造 2 元的销售收入。

固定资产周转率 ＝ 销售收入 ÷ 固定资产

"计算得出，你俩的养生便当公司的固定资产周转率是 9 次（11 162 400 ÷ 1 240 000），也就是每 1 元的固定资产可以创造 9 元的销售收入，算是还不错的水平。"王叔叔说。

"王叔叔，我的各项周转率都还不错，但为什么资产周转率不高呢？问题出在哪里？"安迪问。

"你的这些指标都很正常，问题是，你们公司有很多现金没有好好运用。"王叔叔说，"公司的现金占了全部资产一半以上，虽然其他项目的周转率都很好，但因为没有好好运用现金，所以整体的资产周转率就不高了。"

"那我应该如何处理呢？"安迪问。

"接下来我们再来看看企业获利方程式，了解这个之后，你就知道要怎么处理了。"说完，王叔叔开始动笔解说什么是企业获利方程式。

企业获利方程式

以股东的角度来看，股东的获利是以股东权益报酬率来评估。可是，股东权益是由三个比率相乘产生乘数效果的，所以这三个比率的运作方式就叫作"企业获利方程式"。

股东权益报酬率

安迪和卡萝对股东的获利相当感兴趣，迫不及待想听到王叔叔的解说。王叔叔看到两个年轻人殷殷期盼的表情，不禁笑了出来。他先写下了股东权益报酬率的计算公式：

股东权益报酬率

＝盈余 ÷ 股东权益

＝（盈余 ÷ 销售收入）×（销售收入 ÷ 资产）×（资产 ÷ 股东权益）

  （营业活动）   （投资活动）   （理财活动）

  （净利率）   （资产周转率） （权益乘数）

王叔叔表示，从这个公式可以知道，这部分得从企业的三个活动（营业、投资及理财活动）来思考。首先，"盈余除以销售收入"指的就是营业活动，亦即净利率。

安迪抢着说："这部分我们公司有 34.4%（3 844 100 ÷ 11 162 400），应该表现得不错吧。所以，我是不是应该从'销售收入除以资产'

这一项投资活动（即资产周转率）来改善?"

王叔叔回答:"没错,你的问题就在于资产中的现金有将近150万元没有好好运用。"

"可是,王叔叔不也说过,现金越多越好吗?"卡萝问。

"现金存在银行只有一点点的利息收入,但从企业立场而言,就是将本求利,把现金闲置在银行,不是一个好的处理方式。"

安迪接着说:"我知道了,我应该把现金投入其他资产,做更多生意才对。"

王叔叔点点头,说:"如果你能够把资产周转率提高一倍的话,你的报酬就可以增加一倍,这个就是做得越多赚得越多的道理。"

"那我们可不可以从理财活动（即权益乘数）来赚取报酬呢?"卡萝问。

"卡萝,你为什么有这样的想法呢?"王叔叔好奇地问。

"王叔叔给我们的方程式中有三项,我猜绝对不是因为摆在那边好看的。"卡萝笑着说。

"呵呵,你们两个越来越机灵了。一点都没错,适度地举债经营,可以提高股东权益报酬率,这就是借得越多赚得越多的道理。"

王叔叔赞赏地说，"不过你们要注意，基本上，营业活动中的产品一定要有盈余，才会有做得越多赚得越多、借得越多赚得越多的结果。如果产品是赔钱的，那就会变成做得越多赔得越多、借得越多就越惨的后果了。"

王叔叔举例说明。假设 A 公司的净利率为 2%，资产周转率为 5 次，权益乘数为 2 次，那么股东权益报酬率就是 2%×5 次 ×2 次 =20%。而 B 公司的净利率为 −2%，资产周转率同样为 5 次，权益乘数也是 2 次，但股东权益报酬率是 −2%×5 次 ×2 次 =−20%。

对 A 公司来说，是做得越多赚得越多，借得越多赚得越多。借由投资乘数（资产周转率）和权益乘数将原本的净利率 2% 放大 10 倍，结果变成股东权益报酬率达 20%。但对 B 公司来说，营业却是亏本的，此时是做得越多赔得越多，借得越多就赔得越惨。将原本营业活动只赔 2% 的净利率，借由投资乘数（资产周转率）和权益乘数放大 10 倍后，变成股东权益报酬率赔了 20%。

卡萝感叹说："原来赚钱方程式也是赔钱方程式，两者都是一样的道理。所以营业活动的产品能够赚钱，才是最基本的。"

"没错！现在来看看你们公司的赚钱方程式吧！"王叔叔说着，

在纸上写下养生便当公司的赚钱方程式：

股东权益报酬率

= 净利率 34.4% × 资产周转率 2.1 次 × 权益乘数 1.22 倍

=88%

安迪看了看这个数字，说："所以我明年要用现金投资，扩大营业来提高资产周转率，然后多借些钱来扩大权益乘数的杠杆效果。"

王叔叔提醒他："但是也不能借太多，如果权益乘数超过 2 倍，就表示自有资金小于 50%，因此要适度才好。"

安迪感激地对王叔叔说："多谢您的教导，让我们第一年就收获良多，希望邀请王叔叔加入我们的阵容。"

"呵呵，我会分析报表，但实际做生意可没你们在行！"王叔叔说，"不过啊，大部分的企业家一开始都是靠努力来赚钱，再来是靠别人来赚钱，这叫作'赚管理财'，然后就是靠钱来赚钱。谚语说的'钱四脚，人两脚'就是这个意思，靠钱赚钱比较快，希望你们能很快达到这个境界。"

三个人彼此相视，会心大笑。安迪和卡萝对于未来的经营，觉得越来越有信心了，他们心目中描绘的养生便当王国将指日可待。

本章摘要

○ 企业的目标就是要赚钱，而要赚钱就得通过企业活动来获得期望的结果。企业经营过程大致循着"企业目标→进行企业活动→检视企业结果"这个方式进行，而企业活动主要是由人、物、财三项元素组成。

○ 评估企业的获利能力如何，有两项指标：资产报酬率和股东权益报酬率。资产报酬率可用来了解企业现有资源（资产）能产生多少盈余；而股东权益报酬率则用来了解股东投资结果。以上两者数值越高，代表投资获利越好。

○ 要衡量经营者的经营能力，一般来说，不外乎检视创造盈余及销售收入。

○ 以股东的角度来看，股东的获利就是以股东权益报酬率来评估，这得从企业的三个活动（营业、投资、理财）来思考，即净利率、资产周转率、权益乘数。

练习试题

当资产是100元，负债是40元，收入是200元，成本是100元，费用为50元时，请问：

问题1

净利率是多少？

问题2

资产周转率是多少？

问题3

权益乘数是多少？

问题 4

资产报酬率及股东权益报酬率各是多少？

Note

建立个人的资产负债表

本书详细介绍了如何编制企业的财务报表，同时也稍微说明了如何利用财务报表分析来协助做股票投资分析，但如何运用在个人理财规划上，建议读者还是要从编制个人的财务报表开始。

在开始投资之前，首先必须建立个人的资产负债表，通过资产负债表，可以知道自己目前的财务状况，如此才能进行财务规划，达成个人的财务目标。此外，如果想要进行资产配置，通过资产负债表就能知道自己目前持有多少现金、银行存款金额有多少，以及投资在股票或不动产的部分有多少钱，又各占了多少百分比。

也就是说，个人投资理财的起点就是要从编制个人的资产负债表做起。

从资产负债表可以看出什么

那么，该如何从建立的个人资产负债表中了解自己的财产到底有多少呢？

要进行投资理财规划，通常得先了解自己目前的位置，然后设定财务目标，接着拟定达成财务目标的方法。如果自己根本不知道目前所处的位置，就无法进行财务规划。

例如，别人问你的财富有多少，其实这个问题并不容易回答，如果看到一个人开着几千万元的进口跑车、穿着几十万元的西装、戴着劳力士表，就以为他很有钱，那就错了，因为你根本不知道他的资产有多少，又有多少负债。搞不好他所有的身家财产就只有这辆车，以及这套西装和劳力士表，本身其实负债几千万元，属于他的净值是负数，即使是一个不负债的小资族都比他有钱。

了解一个人的真正财富，就是要了解属于他的财产有多少。值得注意的是，我们是用市价来评估一个人的资产，而不是用过去的取得成本或是他一年后值多少钱来评断，个人资产负债表内的所有项目都应该是现在的价值。了解资产后，扣除了负债，才是属于个人真正的净值或财富。

总之，个人财务报表就和企业的财务报表一样，可以看出一个人的财务状况，如同评估企业好坏时会用分析财报来检视，若要看个人有没有钱、财富是多少，就要看个人的财务报表。

编制个人资产负债表的方式和编制企业的财务报表很类似，有了资产负债表，你就可以进行资金配置，也就能够知道自己到底要买多少钱的投资型保单、要投资多少钱在股票或基金上。正所谓"你不理财，财不理你"，整理自己的资产负债表绝对是理财的第一步。因此，在做任何投资规划、资产配置之前，绝对要先知道自己有多少钱！

掌握财务状况，扩展个人资产

接着就以本书主人翁安迪为例，说明如何编制个人的资产负债表。

首先盘点个人的资产，包括：

一、现金及银行存款：安迪知道他有 25 000 元的现金，银行存款则有 32 万元。

二、股票：安迪买了两只上市公司股票，在股价 100 元时购得，目前持有股票价值 20 万元。

三、基金：安迪买了世界型股票基金，依照对账单，目前净值为 25 万元。

四、不动产：安迪拥有的不动产成本为 100 万元，目前市价约 120 万元。

从上述可看出，安迪的资产包括流动资产 79.5 万元（现金及银行存款 34.5 万、股票 20 万及基金 25 万），加上不动产 120 万元，资产总额为 199.5 万元。

但安迪不是百万富翁，因为他有向银行借贷，因此要扣掉负债才是他的净值（真正属于他的财富）。安迪欠银行信用卡 1 万元，房屋贷款 70 万元，所以他的流动负债是 1 万元，长期负债（房屋贷款）为 70 万元，总负债额为 71 万元。

总资产 199.5 万元减去总负债额 71 万元后，安迪的个人财产净值剩下 128.5 万元。虽然不是很有钱，但对一个不到 30 岁的年轻人来说，也算是拥有第一桶金了。下面为安迪的资产负债表（见表 1）。

表 1　安迪资产负债表

××××年 12 月 31 日　　（单位：元）

资产		负债及股东权益	
现金	25 000	负债	
银行存款	320 000	信用卡债	10 000
股票	200 000	流动负债	10 000
基金	250 000	长期负债	
流动资产	795 000	房屋贷款	700 000
		负债合计	710 000
不动产	1 200 000	净值	1 285 000
资产合计	1 995 000	负债及净值合计	1 995 000

编制好资产负债表后，就可以依照个人的风险承担程度来规划各种投资理财工具与资产配置。通常是先要有适度的保险，保险不一定越多越好，如果超过自己所能负担的范围，反而是一种负债。

经常听到有朋友一个月的保险费就要缴纳三五万元，结果每个月的收入扣掉保险费后根本入不敷出，最后反而必须提早解约或减额缴清，造成损失，反而得不偿失。因此，建议保险费不要超过年所得的10%。

有了基本保障后，接下来要先扣除3～6个月的基本生活费用，用以应付倘若一下子失业或发生意外时3～6个月的生活所需。

有了基本保险及生活保障后，再来进行理财目标的选择。根据投资风险程度的不同，理财工具包括：

一、定存：这是投资风险最小的理财方式，但是每年的报酬率相对偏低。

二、债券：债券的报酬率通常优于定存，但仍属偏低，其风险比起股票也低很多。

三、股票及基金：就长期而言，投资股票每年报酬率可达7%，但是如果对公司了解不够深入，一旦投入恐怕会有赔钱的风险，所以初学者仍应审慎为宜。建议新手投资者可先从基金入门，定期定额长期投入，不论股市如何波动，都可带来不错的利润。

四、不动产：投资金额稍高，除非是自住需要，否则不建议投资人贸然投资。

　　本书通过经营小本生意的养生便当故事，叙述相关的创业及财会知识，毕竟"你不理财，财不理你"，期望读者在有了基础概念之后能够继续精益求精，早日迈向财务自由的最高境界。

名词解释

第 1 章

股东与债权人

投资人就是股东，股东需要负担盈亏，自然会关心企业平日的营运状况。借钱给企业的人则是债权人，通常债权人只关心企业是否有能力偿还本金与利息，对于平日的营运不会投入太多心思。

会计信息

企业经营所需要的信息叫作"会计信息",通常我们以"财务报表"作为代表。

资产

指具有未来经济效益的资源。

负债

因交易所承担的义务,将来须偿还。

股东权益

资产减去负债后的余额,是一种剩余价值。

成本

与产品产出直接相关的支出。

资本

投资人投资企业的原始金额。

生产性资产

供企业营业上使用的各项设备或装修。

固定成本

不管销售状况如何，成本都是固定不变的。

变动成本

随销售数量增加而增加、随销售数量减少而减少的成本。

利润 – 数量分析

一种判断若要不赚不赔（损益两平）或要赚多少必须销售多少数量或金额之类的分析。

收入成本配比原则

企业为了做生意，必须先取得资产 (现金或生产性资产)，然后使用或消耗这些资产，以便赚取收入。这是投入与产出的概念，也是会计上的"收入成本配比原则"。

损益表

用来说明收入与支出的状况。其中支出的部分还可以细分为成本与费用。成本就是与产品直接相关所发生的支出，例如便当的食材支出，费用则是与产品无直接相关但可促成交易完成的各种支出，例如店租、薪资等。

毛利与盈余

收入减去成本称为"毛利"，毛利再减去费用，才是最后的"盈余"。当然，收入减去支出有可能是负数，此时收入减去成本，称为"毛损"，毛损再减去费用，称为"损失"。盈余会使资本增加，损失会使资本减少。

会计账与流水账

会计账与流水账不同，想要了解企业经营的收入与支出状况，必须看依照会计原理编制的损益表。

第 3 章

应计基础

一般会计的表达，都是以所谓"应计基础"来计算损益，即收入实现时就计入收入，而不是在收到现金时才计入收入；在支出发生时就必须计入支出，而不是在付出现金时才计入支出。用应计基础编制的损益表，才能充分表现企业的营业成果，也就是说，用应计基础计算的盈余会比较准确。

毛利率

毛利除以收入的比率，代表企业赚取附加价值的多寡，也代表产品本身对企业获利的贡献，同时也是企业竞争力强弱的指标。与同行业其他企业比较时，毛利率越高者，竞争力越强。

费用率

费用除以收入的比率。费用控制得好的公司，管理能力较好，盈余通常也比较高。

净利率

利润除以收入，也就是每 1 元的收入可以赚取多少利润。净利率越高，表示企业每笔交易所赚取的盈余比率也越高。

第 4 章

存货周转天数

存货放在企业内一直到卖出去的天数，又称存货持有天数，算法是存货金额除以平均每日销售成本。

应收账款周转天数

销售出去后将货款收回来的天数，算法是应收账款金额除以平均每日销售收入。

应付账款付款天数

指进货后多久就要付款的天数，算法是应付账款金额除以平均每日销售成本。

营业周期

用现金去买产品，到产品出售后把现金收回来的这段时间，就是营业周期，算法是存货周转天数加上应收账款收货天数。

现金周转期

在进货或支付费用时可以选择不用立即付款，将营业周期减去付款天数，就是现金周转期。

资金缺口

应付日常支出周转需要所准备的现金，算法是平均每日销售成本乘以营业周期。

第5章

净利率

平均每一笔生意可以赚的盈余。例如做 100 万元的生意可以赚 5 万元，净利率就是 5%。

资产报酬率

平均每 1 元资产的投入，可以赚得的利润。例如投入 100 万元的资产，可以赚 5 万元，资产报酬率就是 5%。但如果只要投入 50 万元的资产就可以做 100 万元的生意，赚 5 万元，资产报酬率就变成 10%。

资产周转率

此概念就是用很少的资产投入，创造很高的营业额。例如投入 50 万元的资产，可以做 100 万元的生意，资产周转率就等于 2，也就是每投入 1 元的资产，可以创造 2 元的营业额，有两倍的乘数效果。

获利的乘数效果

资产报酬率等于净利率乘以资产周转率。即使生意本身利润不高，如果可以用很少的资产投入，就创造很高的营业额，也就是资产周转率高，就能创造较高的资产报酬率，这就是薄利多销的乘数效果。

附录 2

练习试题解答

第 1 章

问题 1 解答

算法 A：

每个便当售价 100 元，每日卖 36 个便当，日收入为 3 600 元。

每个便当成本 50 元，每日 36 个便当的总支出共 1 800 元。

每日收入 3 600 元减每日支出 1 800 元，得出每天赚 1 800 元。

一个月做 25 天生意，1 800 元乘以 25 天，等于 45 000 元。

算法 B：

每个便当售价 100 元，每日卖 36 个便当，因此每月卖出 900 个便当（36 个便当 ×25 天），所以每月收入为 90 000 元。

每个便当成本 50 元，每月卖出 900 个便当，每月总支出为 45 000 元。

每月收入 90 000 元减去每月总支出 45 000 元，每月赚 45 000 元。

算法 C：

每个便当售价 100 元，每个便当支出成本 50 元，因此每个便当赚 50 元（定价 100 元 － 成本 50 元）。

一个月卖 900 个便当，总共赚 45 000 元（每个便当赚 50 元 ×900 个便当）。

也可以反向预估销售量，公式如下：

获利 ÷（单位售价 － 单位支出）= 预计销售量

因此，

45000 元 ÷（100 元 －50 元）=900 个

900 个 ÷25 天 =36 个 / 天

问题 2 解答

预计利润销售数量（要卖几个便当才能赚 600 元）

=［预计利润 600 元＋固定成本 480 元（宗翰的工资）］÷（便当单价 100 元－变动成本 50 元）

=21.6 个

因此，安迪每天必须卖出 22 个便当。

问题 3 解答

①每个月固定成本包括房租、水电的成本 50 000 元，加上员工薪资 40 000 元，合计 90 000 元。

每杯咖啡赚 25 元（售价 50 元－变动成本 25 元），固定成本 90 000 元除以 25 元，得出每个月要卖出 3 600 杯。假设一个月开店 30 天，则每天要卖 120 杯咖啡才能达到损益两平、不赚又不赔。

参考公式：损益两平销售量＝固定成本÷（单位售价－变动成本）

②预计利润销售量

=（预计利润 60 000 元＋固定成本 90 000 元）÷（单位售价 50 元－变动成本 25 元）

=6000 杯／月

6000 杯÷30 天 =200 杯／天

③损益两平销售量

=固定成本 90 000 元÷（单位售价 40 元－变动成本 25 元）

=6000 杯／月

6000 杯÷30 天 =200 杯／天

由此可知，如果削价竞争，原本每个月卖 6 000 杯可赚 60 000 元，现在却变成损益两平，所以削价竞争是相当不利的。

第 2 章

问题 1 解答

股东权益为资产减负债，故为 100 元 −40 元 =60 元。

问题 2 解答

毛利为收入减成本，故为 200 元 −100 元 =100 元。

盈余为毛利减费用，故为 100 元 −50 元 =50 元。

第 3 章

问题 1 解答

1 月 17 日的库存仅剩下 161 罐，少于 200 罐就应该进货。此外，1 月 7 日至 1 月 17 日这 10 天里，平均每天卖出 108.8 罐饮料，然后再进货 15 天的量，所以进货量为 108.8 罐 ×15 天 =1 632 罐，直接取整数，即进货 1 600 罐。

问题 2 解答

安迪由每日的销售资料发现，没有一天的销售量高于 200 罐，所以只要低于 200 罐的安全库存就必须补货，否则会缺货。如果安全库存预订 100 罐，在 1 月 4 日当天就卖超过 100 罐，就会产生缺货。如果安全库存预订 300 罐又太多了，最后决定只要存货低于 200 罐，就必须补货。

第 4 章

问题 1 解答

平均存货周转天数为 20 天，平均应收账款收现天数为 30 天，现金周转期为 50 天。资金缺口为平均每日销售成本 4 000 元乘以 50 天，等于 200 000 元。

问题 2 解答

平均存货周转天数为 10 天，平均应收账款收现天数为 20 天，应付账款付款天数为 10 天，现金周转期为 10+20-10=20 天。资金缺口为平均每日销售成本 4 000 元乘以 20 天，等于 80 000 元。

问题 3 解答

平均存货周转天数为 30 天，平均应收账款收现天数为 20 天，应付账款付款天数为 10 天，现金周转期为 30+20-10=40 天。资金缺口为 6 000 元 ×40 天 =240 000 元。

第 5 章

问题 1 解答

净利率为盈余 ÷ 销售收入，故（200-100-50）÷200×100%=25%。

问题 2 解答

资产周转率为销售收入 ÷ 资产，故 200÷100=2 次。

问题 3 解答

权益乘数为资产 ÷ 股东权益，故 100÷60=1.67 倍。

问题 4 解答

资产报酬率为盈余 ÷ 资产，故 50 ÷ 100 × 100%=50%。

股东权益报酬率为盈余 ÷ 股东权益，故 50 ÷ 60=83.33%。